PONS

W0304831

Lektüre in Bildern FRANZÖSISCH

Madame Bonnet et son champ de lavande

20 landestypische Kurzgeschichten
zum Französischlernen

von
Samuel Desvoix
Delphine Malik

PONS GmbH
Stuttgart

PONS

Lektüre in Bildern FRANZÖSISCH

Madame Bonnet et son champ de lavande

20 landestypische Kurzgeschichten
zum Französischlernen

von
Samuel Desvoix
Delphine Malik

Alle Personen und Handlungen sind erfunden. Ähnlichkeiten mit lebenden oder verstorbenen Personen und tatsächlichen Begebenheiten wären rein zufällig.

1. Auflage 2017

Projektleitung: Canan Eulenberger-Özdamar
Redaktion: Isabelle Langenbach
Bildredaktion: Canan Eulenberger-Özdamar
Logoentwurf: Erwin Poell, Heidelberg
Logoüberarbeitung: Sabine Redlin, Ludwigsburg
Titelfoto: Shutterstock/Ziven (Illustrationen), Shutterstock/Fesus Robert (Lavendelfeld), Shutterstock/Vereshchagin Dmitry (Segelboot), Shutterstock/Alexander Tihonov (Knoten/Tau), Shutterstock/Julia Kuznetsova (Käse), Shutterstock/Jacques PALUT (Patisserie), Shutterstock/margouillat photo (Dreikönigsfestkuchen)
Einbandgestaltung: Anne Helbich, Stuttgart
Layout: PONS GmbH Stuttgart
Satz: tebitron gmbh, Gerlingen
Druck und Bindung: AZ Druck und Datentechnik GmbH, Kempten

ISBN: 978-3-12-562921-9

EINIGE WORTE VORAB

Sie lieben Frankreich, lesen gerne Kurzgeschichten und möchten etwas für Ihr Französisch tun?
Dann halten Sie das richtige Buch in der Hand!
Mit 20 heiter bis skurrilen, spannenden, manchmal nachdenklichen, aber niemals langweiligen Kurzgeschichten tauchen Sie ins französische Leben ein und frischen so ganz nebenbei Ihre Sprache auf.

Nicht nur lesen, sondern auch sehen!
Bilder helfen unserem Gehirn ganz hervorragend, Dinge besser zu verstehen und abzuspeichern. Die Bilder in diesem Buch zeigen Schauplätze, Gegenstände und Handlungen, die Sie mitten ins Geschehen versetzen. Durch die Verknüpfung von Text und Bild – direkt an Ort und Stelle – lernen Sie im Handumdrehen neue Wörter. Unbekannte Wörter sind farbig markiert und werden am unteren Ende der Seite in der Vokabelbox oder bei einem Bild übersetzt.

Lassen Sie sich inspirieren
Nach manchen Geschichten finden Sie wunderschön bebilderte Doppelseiten mit weiterführenden Informationen und einem Extra an neuen Wörtern. Erfahren Sie mehr über Land & Leute, besondere Orte und Traditionen.

Bevor es losgeht, lernen Sie auf den nächsten Seiten die Autorin und den Autor dieses Buches kennen und eine Karte gibt Ihnen Auskunft über die Schauplätze der Geschichten.

Viel Lesevergnügen wünscht Ihre PONS-Redaktion!

DIE AUTOREN

Samuel Desvoix stammt aus dem Norden Frankreichs. Er ist Buchhändler, Redakteur und Übersetzer für Italienisch und lebt in Paris und dem Morvan.

Delphine Malik wurde in der Bretagne geboren. Nach vielen Umzügen ließ sie sich schließlich für ihr Studium in Paris nieder. Heute lebt sie in der Hauptstadt und dem Morvan. Sie ist Opernsängerin, Gesangslehrerin und Übersetzerin für Englisch.

SCHAUPLÄTZE DER GESCHICHTEN

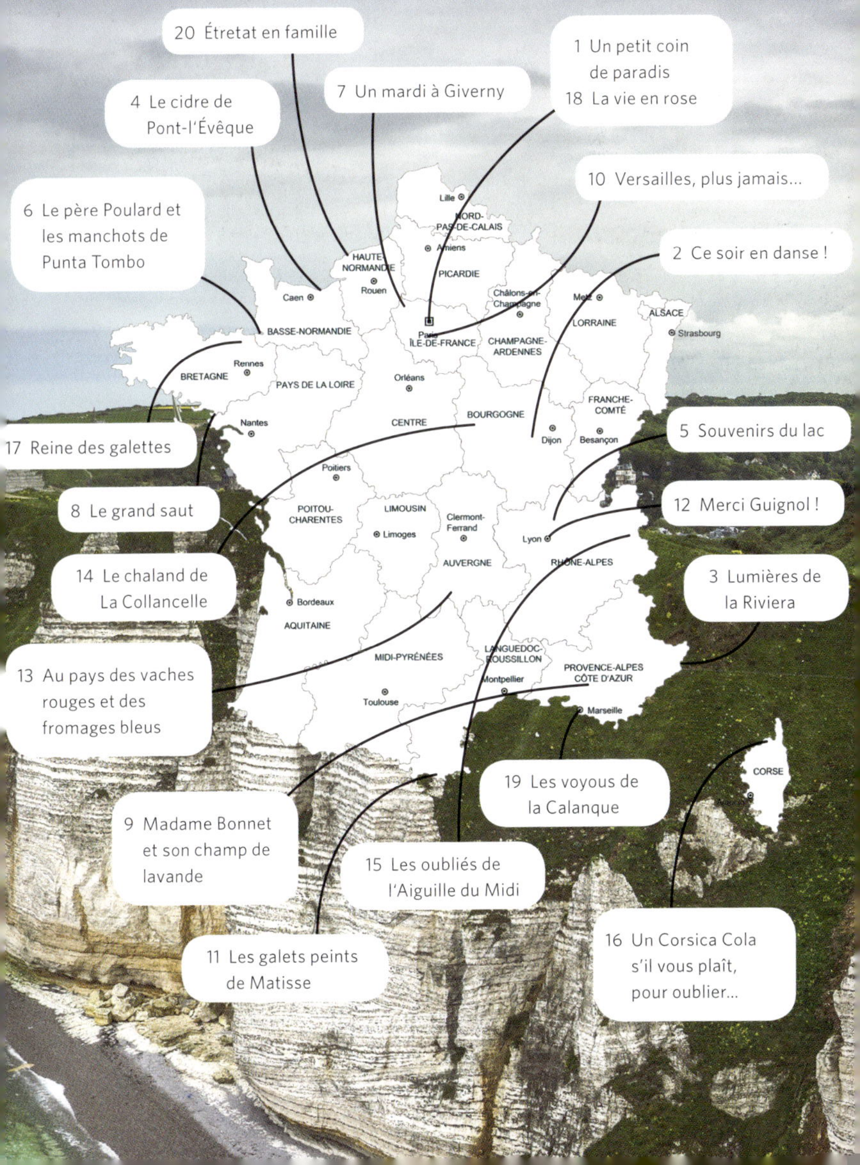

INHALT

1 UN PETIT COIN DE PARADIS

Couper le raisin un beau jour de septembre, quel bonheur !
Et en bonne compagnie...
Luc sourit à la jeune fille à côté de lui, une jolie rousse. Il va l'aider, c'est aussi une façon de faire sa connaissance !
Charlotte fait les **vendanges** pour la première fois, elle coupe les **grappes** avec beaucoup de concentration :

- Attention ! Si tu veux, je te montre comment l'**attraper**, ce raisin.
- Merci, ce sont mes premières vendanges, ça se voit, hein ?
- Pas de problème, il y a toujours une première fois...

Il fait chaud, c'est vraiment une journée idéale. Des jeunes, des vieux, tous avec le sourire. Et dans leurs mains, de belles grappes noires **mûries**[1] au soleil de... Bourgogne ? Du Bordelais ? Du Pays de Loire ?
Mais non : au soleil de Paris ! Où ? Sur la Butte Bergeyre.

Luc propose à Charlotte de faire une pause pour voir le paysage. Tout en haut de ce mini-**vignoble**[2] (l'un des cinq à Paris), il y a un belvédère et de là, on a une vue **imprenable**[3] sur Montmartre. Romantique, n'est-ce pas ?

- Certains Parisiens disent que c'est d'ici qu'on a la plus belle vue sur le Sacré-Cœur ! On en a de la chance…
- Surtout par ce temps, la vue est magnifique !
- Là-bas aussi, ils ont des vignes mais beaucoup plus grandes qu'ici. Ils font du vin et ils le vendent. C'est du sérieux ! Tu connais la Fête des Vendanges de Montmartre ? Un événement très important à Paris, avec un **défilé**[4] …

le pied de vigne – der Rebstock

Aujourd'hui, il y a des gens qui viennent vendanger pour la première fois comme Charlotte. Elle vient juste d'arriver dans le quartier. Mais il y a aussi des anciens qui savent tout :

- Sur 500 m^2, nous avons 230 **pieds de vigne** : du Chardonnay, du Muscat et surtout du Pinot Noir. La **récolte**[5] habituelle est de 170 kg de raisin, avec à la fin 65 litres de vin par an. Attention : l'année 2014 a été une année record avec 380 kg !
- Et on peut le goûter, ce vin ?
- Oui, pendant notre Fête des Vendanges début octobre, le vignoble est alors ouvert au public. Une petite fête comparée à celle de Montmartre… Mais **ça vaut le détour**[6] : il n'y a qu'ici que vous pouvez goûter le « Château Bergeyre » !

1 **mûri** - gereift
2 **le vignoble** - der Weinberg
3 **imprenable** - unverbaubar
4 **le défilé** - der Umzug, die Parade
5 **la récolte** - die Ernte
6 **ça vaut le détour** - es lohnt sich

- Et le **cru**[7] 2016, vous pensez que ça va être un bon cru ?
- Je pense : très fruité...

Tout près du célèbre parc des Buttes Chaumont avec ses courageux joggeurs du dimanche matin, la Butte Bergeyre est un lieu secret. Entre deux grands immeubles de l'avenue Simon Bolivar, un escalier de plus de 80 marches arrive à ce petit paradis **insoupçonné**[8]. Et là, quel calme ! De la verdure, presque pas de voitures... Cinq rues **bordées**[9] de petites maisons ou d'immeubles pas très hauts, un vrai village ! On est un peu dans les nuages, comme sur une terrasse.

Charlotte et Luc discutent en regardant le Sacré-Cœur au loin. Luc a l'air de bien connaître l'histoire du quartier :
- Ici on dit qu'on habite à « Bergeyre ».
- Comme la **bergère**[10] qui garde ses moutons ?
- Non, comme le rugbyman Robert Bergeyre et le stade Bergeyre qu'il y avait là, avant les maisons.
- Et avant le stade ?

- Avant, il y avait un **parc d'attraction**[11], les Folles Buttes, et encore avant, des **moulins**[12] comme à Montmartre, et des vaches... Presque des moutons, quoi !
- Donc ce nom de Bergeyre, ça lui va bien à cet endroit. Je sens que je vais m'y plaire !

On se croit ailleurs, loin du bruit de la ville... Charlotte s'étonne :
- Pourquoi les Parisiens passent leur temps à vouloir oublier qu'ils sont à Paris ?
- Bonne question ! En fait, la plupart des Parisiens viennent d'ailleurs, il y a très peu de Parisiens de **souche**[13] ... Toi, tu viens d'où par exemple ?
- De Tours. Et toi ?
- D'Orléans. Tu vois, on était déjà voisins !

7 **le cru** – hier: der Jahrgang
8 **insoupçonné(e)** – unerwartet
9 **bordé(e)** – gesäumt
10 **la bergère** – die Schäferin
11 **le parc d'attraction** – der Erlebnispark
12 **le moulin** – die Mühle
13 **de souche** – Ur-

Surprise : il y a même des **ruches** dans le jardin partagé. Des **apiculteurs** de l'Association des habitants de la Butte Bergeyre s'en occupent.

Luc propose :

- Après le vin de Montmartre et le « Château Bergeyre », un jour on peut goûter ensemble le miel de l'Opéra.
- Tu rigoles ?
- Non, bien sûr ! Tu ne sais pas qu'il y a aussi des ruches sur les toits de l'Opéra Garnier ? Vrai de vrai !

Luc et Charlotte se revoient quelques semaines plus tard à un apéritif de voisins, un « apéro » comme on dit. Avec quelques autres habitants du quartier, ils parlent projets :

- On peut partager un **stand** sur un **vide-grenier**, il y en a un dans deux semaines. Charlotte, ça te dit ?

- Bonne idée : après mes premières vendanges, mon premier vide-grenier ! Et puis j'ai plein de vieilles choses qui ne servent plus, des vêtements, des chaussures, des livres. Ça peut être utile à d'autres…
- Super ! Et puis tu vas voir, l'**ambiance**[14] est toujours très sympa, on pique-nique ensemble, on rencontre des gens, on **marchande**[15] même… Bref, on rigole bien !

Charlotte va commencer à l'aimer de plus en plus, son nouveau quartier !
Mais on ne peut pas y rester tout le temps ; il faut aussi en sortir, prendre le métro. Le métro, ça elle n'aime pas trop. Luc va essayer de la **réconcilier**[16] avec les transports en commun :
- Allez le métro, c'est **chouette**[17], on rêve, on lit !
- Tu crois que les gens lisent encore ? Tout le monde joue sur son téléphone ou écrit des **textos**[18].
- Non, les gens lisent, des livres, des journaux… Moi je lis beaucoup dans le métro mais c'est un vrai problème ! Quand je suis **plongé**[19] dans ma lecture, j'oublie tout. Alors imagine, je lève la tête mais c'est trop tard, les portes se referment déjà. Je dois descendre à la station suivante et reprendre la ligne **dans l'autre sens**[20]… Tu vois, on est tellement bien dans le métro qu'on oublie de descendre !

14 **l'ambiance** (f.) - die Stimmung
15 **marchander** - handeln
16 **réconcilier** - versöhnen
17 **chouette** (ugs.) - super, toll
18 **le texto** - die SMS
19 **plongé(e)** - vertieft
20 **dans l'autre sens** - in die andere Richtung

2 CE SOIR ON DANSE !

Dans le parc naturel régional du Morvan, Anost est un village pas comme les autres. Souvent en France, la campagne est malheureusement synonyme de **désertification**[1]. Le cinéma ferme, le café ferme, puis la boulangerie ferme et il reste juste une **camionnette**[2] qui **klaxonne**[3] devant les maisons pour apporter du pain.

Anost se prononce ANO, c'est comme « Ah non ! » : non à la désertification, non à la mort sociale et culturelle du village ! Ici, il y a une boulangerie, une boucherie, plusieurs cafés et une pizzeria, deux **supérettes**, la Poste, l'école, une pharmacie, un coiffeur, une maison médicale... Et mieux encore : un cinéma et deux musées.

Alors, la vie est intense toute l'année, on se retrouve au café, au cinéma, on organise des fêtes et les gens se mélangent : les paysans du **coin**[4], les **néo-ruraux**[5] et pas mal d'étrangers, venus surtout des Pays-Bas.

La famille Rousseau-Van de Velde habite à Anost depuis maintenant dix ans. C'est une famille typique du Morvan, et typique du XXIe siècle : franco-hollandaise et **recomposée**[6]. Attention, vous êtes prêts ?

Pierre Rousseau a une grande fille d'un premier mariage et deux **jumeaux**[7] d'un deuxième mariage (des **faux jumeaux**[8]). Nanja a des jumelles d'un premier mariage (de **vraies jumelles**[9] !). Pierre et Nanja ont aussi une petite fille ensemble. Et puis il y a le chat, les poules et **l'âne**. Il y a beaucoup d'ânes dans le Morvan.

der Esel (im Franz. m.)

Vous voyez le patchwork : deux adultes et six enfants, sans compter les animaux. Les vacances d'été sont parfois un peu compliquées à organiser.

Du côté de Pierre : la grande va chez sa mère à Dijon (il faut la conduire en voiture à Étang-sur-Arroux, ensuite elle prend le train toute seule) et les jumeaux vont chez leur mère à Tours (c'est le même train que leur grande sœur mais dans l'autre sens).

Du côté de Nanja, la famille est plus loin : les jumelles partent à Amsterdam chez leurs grands-parents paternels. La petite reste avec ses parents, ça lui fait drôle parce que d'un coup la famille passe de huit à trois. Souvent, Pierre et Nanja vont se promener tous les deux dans la campagne, au calme, et elle est seule avec les animaux. Heureusement qu'elle peut jouer avec le chat et aller dans le **champ** donner du vieux pain à l'âne.

das Feld

1 **la désertification** – hier : die Landflucht
2 **la camionnette** – der Lieferwagen
3 **klaxonner** – hupen
4 **le coin** – die Ecke
5 **les néo-ruraux** (Pl.) – die Stadtbewohner, die aufs Land gezogen sind
6 **la famille recomposée** – die Patchwork-Familie
7 **les jumeaux (jumelles)** – die Zwillinge (Zwillingsschwestern)
8 **le faux jumeau** – der zweieiige Zwilling
9 **le vrai jumeau** – der eineiige Zwilling

Dans tout ce **tourbillon**[10] de l'été, il y a quand même deux rendez-vous pour la famille Rousseau-Van de Velde : le 14 juillet et le dernier week-end d'août – deux rendez-vous **incontournables**[11] !

Le soir du 14 juillet, les enfants participent à la **retraite aux flambeaux**[12], ils se promènent dans les rues du village avec des **lampions**. Bien sûr, la grande et les jumeaux trouvent que ça fait bébé. Les jumelles disent que c'est très joli et gardent leur lampion en souvenir. La seule qui aime vraiment, c'est la petite.

Après ça, ce que tout le monde aime, c'est manger une bonne **barbe à papa** et regarder le **feu d'artifice** sur la place devant la mairie. Bien habillés, car il fait froid la nuit dans le Morvan !

die Drehleier

der Dudelsack

- Oh la belle bleue !
- C'est maintenant le **bouquet final**[13], tu crois ?
- Ouah, c'est vraiment trop beau…

Pas facile de rester ensemble à huit dans le noir sans se perdre. Mais on y arrive…

Le deuxième rendez-vous de l'été est la célèbre Fête de la Vielle. À ce moment-là, le village accueille des milliers de visiteurs : des gens venus du monde entier pour partager leur passion de la musique traditionnelle ! Dans la rue a lieu une grande parade avec plein d'instruments différents : la **vielle à roue** bien sûr, mais aussi le violon, la flûte, la **cornemuse**, l'accordéon… C'est très joyeux et tout le monde a envie de danser.
Mais attention, c'est comme au 14 juillet, il ne faut pas se perdre !
- Les jumeaux, vous restez ensemble ? On se retrouve au bal.
- Les jumelles, rendez-vous au bal, d'accord ?
- La grande, tu gardes ta petite sœur ? Mais elle est où, la petite ? Elle est où ???

C'est la panique générale.

10 **le tourbillon** – der Wirbel
11 **incontournable** – hier : ein Muss
12 **la retraite aux flambeaux** – der Fackelzug
13 **le bouquet final** – das Finale (beim Feuerwerk)

Pierre et Nanja crient et cherchent de l'aide. Mais comment faire avec cette **foule**[14], cette musique, ce bruit... Et puis les gens parlent anglais, allemand, néerlandais. Comment retrouver leur fille dans ce **charivari**[15] ?

Après quelques minutes qui ressemblent à des heures, on retrouve finalement la petite au café chez Jules. C'est un vieux café **d'habitués**[16] qui ont la nostalgie du passé. La petite est là, bien **sage**[17], sur une chaise. Elle **sirote** un verre de jus de fruit et écoute les vieux discuter :

- Dis tu te souviens le Jules, avant à Anost il y avait neuf cafés...

(À la campagne, on ne vous appelle pas par votre nom de famille, on dit « le Jules », « la Jacqueline » ...)

- Mais oui, le Claude ! Et dans les **hameaux**[18] il y en avait encore d'autres. Par exemple, à Montcimet, il y en avait trois !
- Et pour boire, c'était simple : vin rouge ou vin rouge !
- Et pas de femmes...
- Non, pas de femmes, seulement pour venir chercher leur mari !

On remercie le Jules, on paye le jus de fruit, on **embarque**[19] la petite et hop, on va danser ! Avec un peu de chance, la grande, les jumeaux et les jumelles sont déjà au bal.

Le bal a lieu sous une grande **tente**[20] blanche. Sur le podium, les joueurs de vielle sont là, certains sont assis, d'autres derrière restent debout. Le mouvement qu'ils font tous en même temps avec leur bras droit pour tourner la **manivelle** de leur instrument est hypnotique. Ils se mettent à jouer un air, c'est une danse de couple appelée « scottish », une danse pas du tout écossaise d'ailleurs... Pour l'homme, un pas de polka du pied gauche et un pas de polka du pied droit, le contraire pour la femme. Puis quatre pas **sautillés**[21] pour tourner.

Les jumeaux dansent avec les jumelles, Nanja danse avec la grande fille de Pierre, et Pierre avec la petite. Tous ont le sourire aux lèvres. Là-bas dans la maison, les souris dansent et le chat dort...
La musique s'arrête. Messieurs dames, **révérence**[22] !

14 **la foule** - die Menge
15 **le charivari** - das Tohuwabohu
16 **l'habitué** (m.) - der Stammgast
17 **sage** - artig, brav
18 **le hameau** - der Weiler
19 **embarquer** (umg.) - hier: mitnehmen
20 **la tente** - das Zelt
21 **sautillé(e)** - gehüpft
22 **la révérence** - die Verbeugung, der Knicks

3 LUMIÈRES DE LA RIVIERA

« La Riviera, ses touristes **richissimes**[1]*, les aristocrates et leurs villas Belle Époque, les Russes en exil... L'Italie toute proche que l'on retrouve dans les petites rues du Vieux Nice avec le linge qui* **sèche**[2] *aux fenêtres. Les quartiers* **maghrébins**[3] *... »*

Fanny referme son guide touristique de la Côte d'Azur, son train arrive à Nice dans dix minutes.
– Quelle terre de contrastes !
Mais ce qui intéresse la jeune fille, c'est surtout l'**influence**[4] italienne. Elle est étudiante en **histoire de l'art**[5] à Lyon et se passionne pour la Renaissance. Elle veut aller étudier un an à Rome avec le programme Erasmus. Et cette semaine de vacances chez son amie Constance à Nice va la rapprocher de l'Italie...

Fanny regarde par la fenêtre du train et s'étonne :
– La Côte d'Azur porte bien son nom, ce ciel est d'un bleu si bleu, heureusement que j'ai tout mon matériel d'aquarelle...
Constance est là à la gare pour l'accueillir, les deux amies s'embrassent. « Allons à la maison poser tes affaires, tu dois être fatiguée du voyage ! »

Béatrice, la mère de Constance, connaît Fanny depuis presque dix ans. Les deux filles étaient ensemble au collège à Lyon. Même si elles n'habitent plus la même ville aujourd'hui, elles sont toujours très amies et se voient régulièrement pendant les vacances, chez l'une ou chez l'autre. Fanny vit toujours à Lyon, Constance et ses parents viennent de **déménager**[6] à Nice, après trois années passées à Bordeaux et deux à Lille. Bref, c'est une belle histoire d'amitié... et un petit tour de France !

Béatrice se rappelle le bon vieux temps :

- Vous vous souvenez du collège, les filles ? C'était l'époque de vos grands projets professionnels : vous vouliez être **juge**[7] pour enfants, avocat, journaliste, je ne sais plus très bien. Et aujourd'hui, Fanny, c'est quoi tes plans ?
- Mon idée est de passer une année à l'étranger avec le programme Erasmus. Je vais partir à Rome étudier l'art de la Renaissance. Après, je pense travailler dans la **recherche**[8], par exemple pour les archives d'un musée...
- Bravo, quel programme ! Et toi Constance, tu ne sais pas trop quoi choisir, j'ai l'impression...
- Arrête maman, j'en sais quand même plus que quand j'étais au collège ! Mais c'est vrai qu'avec la faculté d'anglais je peux faire beaucoup de choses : je peux être prof, **traductrice**[9] ou **interprète**[10], je peux aussi travailler dans le tourisme... D'ailleurs Fanny, cette semaine c'est moi ta guide ! Tu veux voir quoi ?

1 **richissime** - extremst reich
2 **sécher** - trocknen
3 **maghrébin** - nordafrikanisch
4 **l'influence** (f.) - der Einfluss
5 **l'histoire de l'art** (f.) - die Kunstgeschichte
6 **déménager** - umziehen
7 **le/la juge** - der Richter, die Richterin
8 **la recherche** - die Forschung
9 **la traductrice** - die Übersetzerin
10 **l'interprète** (m./f.) - der/die Dolmetscher(in)

– Des couleurs, des lumières... J'ai apporté mon matériel d'aquarelle. Je te fais confiance !

Les deux filles se font un joli programme pour la semaine : Nice d'abord, puis on peut prendre le train qui **longe**[11] la côte en direction de Monaco et s'arrêter à tel ou tel endroit... Ce ne sont pas les idées qui manquent !

Le lendemain, Constance emmène son amie prendre un café sur la Place Masséna. Quelles couleurs pleines d'énergie : au-dessus des arcades blanches, les murs sont rouge corail, les tours de fenêtres jaune citron et les **volets** vert clair. Bref, un mélange très original, Fanny veut absolument le peindre !

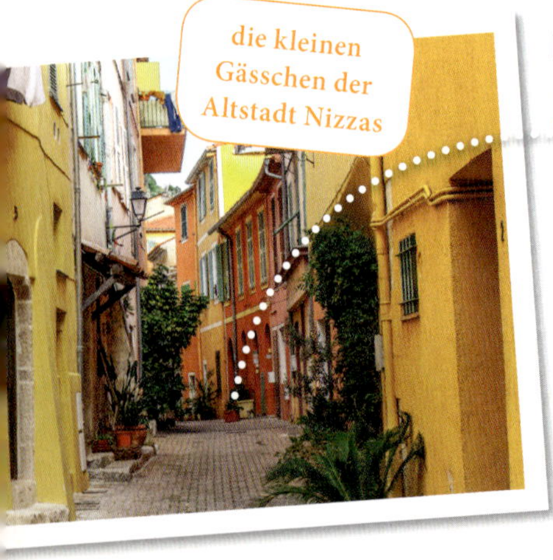

Les deux amies se promènent dans les **petites rues du Vieux Nice**. Le linge qui sèche aux fenêtres rappelle à Fanny les images qu'elle avait en tête avant d'arriver à Nice : les murs jaunes, les fenêtres à jalousie qui protègent du soleil, l'influence de l'Italie...

Constance l'emmène sur le Parc de la Colline du Château. Elles marchent sous les **pins** le long d'un mur de vielles pierres, et une fois arrivées en haut, quelle vision de la mer et des **toits**[12] ! Soudain, on entend un grand « boum ».

- Constance, c'était quoi ce bruit ?
- Ne t'inquiète pas, c'est un **coup de canon**[13], ça veut dire qu'il est midi ! Si tu as faim, on peut redescendre dans le Vieux Nice et manger une part de **socca**.

- C'est quoi ?
- Une galette de **farine de pois chiche** typique, tu vas voir, c'est extra !

Attention aux voitures : à Nice, la circulation est une vraie **jungle**[14], les gens **se garent en double file**[15], et même en triple file…

11 **longer** - entlangfahren
12 **le toit** - das Dach
13 **le coup de canon** - der Kanonenschuss
14 **la jungle** - der Dschungel
15 **se garer en double file** - in zweiter Reihe parken

Les parents de Constance habitent sur la Colline de Cimiez. C'est là qu'est le musée Matisse et, bien sûr, il est au programme des visites ! Fanny retrouve avec plaisir la même symphonie de couleurs de la Place Masséna : corail-jaune-vert clair… Et une fois dans le musée, c'est le bleu des collages…

Béatrice s'étonne. « Vous n'avez pas envie de vous baigner, les filles ? Moi, je me baigne toute l'année ! » D'ailleurs à Nice, elle n'est pas la seule… Mais la plage de **galets**[16] ne plaît pas trop à Fanny. « Ça fait mal aux pieds, les galets ! »

Après Nice, Constance propose à Fanny trois sorties : Èze et son village médiéval **perché**[17] sur les hauteurs (quand il fait beau, de là-haut on voit la Corse !), la chapelle de Villefranche-sur-Mer décorée par Jean Cocteau ou la Villa Kerylos à Beaulieu-sur-Mer. Fanny choisit… les trois !

La visite de la Villa Kerylos va être un vrai choc pour elle.

Perchée sur un petit bout de **rocher**[18] dans la **Baie des Fourmis**, la villa d'un blanc **éclatant** donne sur la mer de

Die **Bucht von Fourmis** besingen die beiden Liedermacher Alain Souchon und Laurent Voulzy in ihrem Chanson La Baie des Fourmis.

strahlend

Die **Villa Kérylos** liegt auf einem Felsen in **Beaulieu-sur-Mer**. Sie wurde zu Beginn des 20. Jh. nach antikem Vorbild erbaut.

trois côtés. Même si elle date du tout début du XXe siècle, c'est la copie d'une villa grecque dans les Cyclades, avec ses fresques, ses **colonnes en marbre**[19], ses thermes, ses toits en terrasse, ses balcons... Il y a même des bancs en **cuir tressé**[20] pour s'asseoir... C'est toujours la Méditerranée, ses lumières, ses couleurs, ses contrastes, mais on est de l'autre côté !

- Constance, mon année Erasmus, en fait je vais la faire à Athènes, pas à Rome !
- Ça alors, toi qui es toujours si sûre de toi, la Renaissance italienne, la recherche, le chemin tout **tracé**[21] ... Finalement, toi aussi tu peux changer d'avis !

16 **le galet -** der Stein
17 **perché -** hoch gelegen
18 **le rocher -** der Felsen
19 **les colonnes en marbre -** die Marmorsäulen
20 **le cuir tressé -** das geflochtene Leder
21 **tracé(e) -** vorgezeichnet

Socca ...

.... war früher ein „Arme-Leute-Essen“, das schnell zuzubereiten war. Berühmt ist heute die **Socca de Nice**, die auf dem **Marché aux Fleurs** verkauft wird – hier stehen oft lange Schlangen am Verkaufsstand.

la farine de pois chiches

Kichererbsenmehl

l'huile d'olive (f.)

Olivenöl

l'eau (f.)

Wasser

250 g

+ 4 cs

(cuillère à soupe Esslöffel)

0,5 l

Sie wird auf einem flachen Rundblech gebacken und noch heiß vom Blech gegessen.

la plaque ronde

das Rundblech

Ihre Zubereitung ist unglaublich einfach – probieren Sie es einfach einmal aus!

eine Prise Salz & Pfeffer

une pincée
(eine Prise)

+ de sel & de poivre

lecker

délicieux(se)

Mehl, Wasser und Salz/Pfeffer gut verrühren. Den Teig auf einem mit Olivenöl gefetteten Backblech verteilen. Im vorheizten Ofen bei 5-10 Minuten (mit Grillfunktion) goldgelb backen. Stechen Sie den Teig mit einer Gabel ein, falls Luftblasen entstehen. Bon appétit!

4 LE CIDRE DE PONT-L'ÉVÊQUE

S. dort dans une **caravane**, au bout d'un chemin à la sortie d'Orbec. Entre le **cimetière**[1] et la **station d'épuration**[2]. Il habite là depuis 3 ans, et c'est comme une vraie maison. Il prend l'eau au robinet du cimetière et l'électricité directement chez le voisin...

- Tu as vu cette pomme ?
- Elle a une drôle de forme !
- Elle va dans quelle caisse, à ton avis ?
- Elle est toute petite... Tu peux la garder pour toi, ou la manger si tu veux ! Christian n'en veut pas, des pommes comme ça !
- Il **a tort**[3], je suis sûr qu'elle est très bonne !

Il y a un gros sac à dos au pied de l'arbre. Il est presque plein. Toutes les pommes que S. va rapporter chez lui... Il y a aussi des caisses posées par terre, pleines aussi, mais de belles pommes bien **régulières**[4] et bien grosses.
La **récolte**[5] est bonne et il est 16h46. Il est de temps de mettre les **caisses** sur le tracteur et de rentrer...

S. est fatigué, il vient de passer encore une petite nuit.
À 16h59, il prend son vélo : la journée est terminée.

Comme chaque jour à la même heure, il traverse le village avec son sac sur le dos et s'arrête au café.

- Salut l'ami ! La journée a été bonne ? Alors il est content de toi le Christian ?
- Il est surtout content parce qu'il y a beaucoup de pommes cette année !
- Combien ?
- Déjà 28 tonnes et il reste encore des arbres, derrière le **hangar**[6]...

S. travaille comme **journalier**[7] aux **Vergers** d'Orbec : en ce moment c'est la **cueillette**[8]. Christian c'est le boss, c'est le roi du cidre ici !

Christian a la cinquantaine. Les pommes, ce n'est pas vraiment une passion ! Il sort de **prison**[9] et refait des appartements à Cabourg pour les revendre. Sa passion, ça doit être l'argent... Derrière chez lui, il y avait un verger quand il était enfant. Dans cette région il y a des vergers partout.

Cela fait seulement trois ans qu'il s'occupe de ce verger. À sa sortie de prison le verger était abandonné depuis plus de 10 ans... Ici, personne ne veut s'en occuper des pommiers. Il y en a trop et il n'y a plus de jeunes dans ces campagnes.

1 **le cimetière** - der Friedhof
2 **la station d'épuration** - die Kläranlage
3 **avoir tort** - Unrecht haben
4 **régulier(ère)** - ebenmäßig
5 **la récolte** - die Ernte
6 **le hangar** - die Halle
7 **le journalier** - der Tagelöhner
8 **la cueillette** - die Pflückernte (von Obst)
9 **la prison** - das Gefängnis

Le Christian, ce n'est pas un vrai **paysan**[10] ! Dans le village on raconte beaucoup de choses à son sujet…

S., lui, n'**accorde**[11] pas beaucoup **d'importance** à ce que les gens racontent. Peut-être qu'on en raconte aussi beaucoup à son sujet… Mais quelle importance ?

S. est heureux et il sait pourquoi. Il vit avec pas grand chose et pour lui, au fond, c'est ça le vrai luxe aujourd'hui. Il est dehors toute la journée, il cultive un tout petit bout de terre derrière sa caravane, il **glane**[12] dans les champs et de temps en temps il fait son marché dans les poubelles derrière l'épicerie.

S. a aussi une passion. Une passion secrète. Et à Orbec, on respecte son secret, on ne lui pose pas de questions.
Ce soir il est plus gai que d'habitude, c'est lui qui **paie sa tournée**[13] ! Et il parle… Il parle comme jamais.
S. l'original, le **taciturne**[14] parle avec tout le monde aujourd'hui.
On l'écoute, on le regarde…

Il est heureux, c'est tout. Heureux de voir M.

S'il vient tous les jours ici, c'est pour voir M., la fille du **patron**[15].

- Demain soir, tu veux passer ?
- Je termine tard.
- Allez, quelle heure ?
- 23 heures…
- Je t'attends, faut que je te montre quelque chose.
- Ah bon ?

- Oui, tu vas voir, je suis trop **fier**[16], cette année il **déchire**[17] mon calvados...
- Ok, je viens.

der Destillierkolben

M. aime beaucoup la caravane de S. Après sa journée au café, elle vient souvent retrouver S. Elle rêve d'habiter là avec lui, un jour. Elle ne lui dit pas, mais il le sait.

M., elle aime les **alambics** de S. Elle aime regarder S. jouer avec ses alambics..., enfin jouer c'est une façon de parler !

La caravane de S., c'est une vraie distillerie ! Il n'y a même pas un lit ! ... même pas une table, ni une chaise : il n'y a pas la place.

Quand elle pense à S. dans sa caravane, M. a toujours un petit **sourire en coin**[18]. Elle, elle sait ce qu'il fait la nuit dans sa caravane ! Elle se souvient, le soir où il était par terre, au pied de ses alambics, les bras en croix. Il était bien **brindezingue**[19] !

Maintenant, il n'est plus tout seul pour le goûter, son **calva** !

... abgekürzt für **calvados**. So dürfen sich nur Apfelbranntweine aus der Normandie nennen.

10 **le paysan** – der Bauer
11 **accorder de l'importance à qc** – etw. für wichtig halten
12 **glaner** (umg.) – herumgehen
13 **payer sa tournée** – einen ausgeben
14 **taciturne** – wortkarg
15 **le patron** – der Chef
16 **fier, fière** – stolz
17 **déchirer** (umg.) – hier: knallen
18 **le sourire en coin** – das spöttische/schelmische Lächeln
19 **brindezingue** (umg., alt) – beduselt

5 SOUVENIRS DU LAC

Quand la montagne est dans les nuages, on ne reconnaît plus rien !

Cela fait plus de trente ans que je viens à Annecy. Parfois en hiver, le plus souvent en été. Je n'y reste souvent qu'un soir... et je **reprends la route**[1] pour l'Italie le lendemain.

Je ne fais que passer et pourtant chaque visite a quelque chose d'**inoubliable**[2]. C'est un moment très intense. C'est comme des **retrouvailles**[3] avec votre meilleur ami, un ami qui ne change jamais !

Les bords du lac me sont aussi **familiers**[4] que les toits de Paris vus depuis ma **chambre de bonne**[5], près du Jardin des Tuileries. C'est toujours du même endroit que je le vois, peut-être que c'est la raison pour laquelle il ne change pas.

Cet endroit depuis lequel j'observe ce paysage, c'est la terrasse d'une villa construite au bord du lac. Une villa au milieu d'un grand parc.

C'est la terrasse de mon ami qui ne **vieillit**[6] pas, qui fume la **pipe** dans son fauteuil en regardant le lac, l'ami que je vois depuis trente ans fumer la même pipe dans le même fauteuil.

Ici on est sur la Rive Gauche. En face c'est l'abbaye de Talloires, au-dessus les Dents de Lanfon et légèrement sur la droite la Tournette.

Quand le temps est clair les **falaises** attrapent toute la lumière. Elles sont comme des couronnes posées sur un grand **habit**[7] vert avec les pieds dans le lac.

La lumière du soir ici est absolument incroyable. Il n'y a qu'à Rome que le soleil se couche dans des lumières aussi belles ! L'été, la montagne devient toute violette, le ciel d'un bleu très clair devient noir brutalement quand le soleil disparaît derrière le Semnoz.

Avec la lumière le paysage change bien sûr mais reste toujours le même. Quand il neige sur les **sommets**, ils disparaissent dans les nuages, mais le lac est toujours le même.

Dans son fauteuil, mon ami me raconte l'histoire du France, ce bateau qui est au font du lac depuis 1971.

1 **reprendre la route** - sich wieder auf den Weg machen
2 **inoubliable** - unvergesslich
3 **les retrouvailles** (f.) - das Wiedersehen
4 **familier(ère)** - vertraut
5 **la chambre de bonne** - die Dienstbotenkammer
6 **vieillir** - altern
7 **l'habit** (m.) - das Kleidungsstück

J'imagine le France aujourd'hui. Des bateaux comme celui-là, on n'en voit plus depuis longtemps ici ! Et je repense aux promenades sur le lac avec mon ami, dans son petit bateau de pêche.

On retrouve certains souvenirs comme on les a quittés et on ne voit pas que ce ne sont jamais les mêmes. Le lac d'Annecy, pour moi, fait partie de ces paysages rassurants de l'enfance. Je le retrouve avec le même bonheur : la montagne n'a pas bougé, les **roseaux** et les **cygnes** m'attendent toujours au bout du petit **ponton** en bois… Le voilier qui passe à l'instant est le même que celui vu il y a dix ans au même endroit.

Mais ce matin, c'est différent !
Quand j'ouvre les volets de la chambre où je dors, les deux derniers étages des montagnes sont dans les nuages : on ne voit plus que **le premier plan**[8], celui qui a les pieds dans l'eau.

Je ne suis pas très réveillé, et je crois rêver… Je ne sais plus où je suis. On ne reconnaît rien du paysage ! Il s'efface, il manque le haut du tableau ! Mon ami connaît bien cette vue-là, mais moi c'est la première fois que je vois ça. Ce matin, au bout du jardin, c'est …**le Rhin**[9] ! La brume descend tellement bas qu'on ne voit sur l'eau que les quelques étages d'arbres qui **plongent**[10] dans le lac.

Même la couleur de l'eau n'est pas la même. J'ai du mal à croire que c'est le lac le plus propre d'Europe ce matin…

En ville, il se passe quelque chose ce matin de décembre 2010… Comme tout est bizarre ! Annecy, **décidément**[11] est une ville bien surprenante ! Ce n'est plus le Rhin maintenant, c'est le Missisipi !

- Il vient d'où ce monstre ?
- De la Nouvelle-Orléans !
- Il ne va jamais passer…
- Il est bloqué, il faut appeler les **pompiers**[12].
- C'est la première fois qu'on voit un bateau comme ça ici, je ne comprends pas d'où il vient.

Entre les maisons, il y a un vieux **bateau à roue à aube** sur le Thiou, en plein centre ville ! Un énorme steamboat des années 1850 avec un **triple pont**.

8 **le premier plan** – der Vordergrund
9 **le Rhin** – der Rhein
10 **plonger** – tauchen
11 **décidément** – gewiss
12 **le pompier** – der Feuerwehrmann

6 LE PÈRE POULARD ET LES MANCHOTS DE PUNTA TOMBO

Le jour est en train de se lever, Ruben le sent. Il le sait, même s'il fait encore nuit noire. C'est l'été et il est très tôt. Ruben se réveille. Ses yeux lui font mal. D'un geste mécanique, il attrape ses **rames**. Il n'a pas besoin de réfléchir.

Sa **barque** se balance, elle se réveille à son tour. Il bouge beaucoup, Ruben. Cela fait 218 jours qu'il est en mer dans sa barque. Une toute petite barque en bois. Il bouge pour **se rassurer**[1], pour vérifier que son corps est encore vivant. Ruben vient de traverser l'Océan Atlantique et il ne le sait pas encore !

Devant lui, il y a un **rocher**. Une montagne ! Il n'est pas très sûr. Avec la **brume**[2] et la fatigue, il ne sait jamais si ce qu'il voit est vraiment là.

Ruben rame vite dans la nuit. La mer est calme. Plus il avance, moins il est sûr. Maintenant il ne la voit plus, la montagne. Le jour se lève là-bas, il en est sûr de ça. Ruben ne voit rien, rien du tout : nada, niente, nothing, absolut nichts ! Il est dans la brume. Il voit à peine le bout de sa barque qui danse.

Les bouteilles au fond de sa barque le rassurent. Il se souvient, Puerto di Santa Cruz ! Elles sont toutes vides...

218 jours, c'est long, très long. Ruben commence à avoir faim. Il pense aux biftecks de Graciela.

Cette montagne dans la brume, ça doit être le Cap Horn, il se dit. Il n'est pas bien réveillé. Il n'est pas sûr... Non, la mer est trop calme, beaucoup trop calme.

La brume est très **épaisse**[3], la montagne disparaît. Peut-être qu'il rêve juste, Ruben...

Ruben veut crier et il ne peut pas. Impossible de sortir un **son**[4]. 218 jours sans parler... Il panique. Il rame encore plus vite. Il veut voir la montagne, à nouveau.

Elle est bien là... majestueuse. Son Argentine ! Ruben va rentrer, il **est au bout du rouleau**[5].

Il parle dans sa tête, Ruben. Il compte les jours. Il compte les bouteilles. Il a mal partout. Il voit des **mouettes**, de plus en plus de mouettes.

la mouette

die Möwe

1 **se rassurer** - sich beruhigen
2 **la brume** - der Nebel
3 **épais(se)** - dick
4 **le son** - der Laut, der Ton
5 **être au bout du rouleau** - am Ende seiner Kräfte sein

le manchot

der Pinguin

Mais rien que des mouettes…

La terre est proche, il reconnaît : il va enfin voir ses **manchots** ! Les manchots de Punta Tombo !

La brume se lève. Quel spectacle ! Il y a une église sur la Montagne ! Une lumière incroyable ! La montagne est habitée, c'est un village !

Des gens lui **font des signes**[6], lui crient des choses qu'il ne comprend pas.

Sa vue se **trouble**[7], il **s'évanouit**[8].

On le ramène sur la plage. Quelqu'un semble le reconnaître et **s'écrie**[9] : « Allez chercher la Mère Poulard ! Dites-lui que Raymond vient de rentrer ! »

- Raymond ? Ce n'est pas possible, il vit en Argentine depuis plus de trente ans !
- Tu es sûr que c'est Raymond ?
- Dites lui aussi à la Mère Poulard qu'elle peut descendre avec une omelette !
- Il n'a pas l'air très frais !
- Il **pue** l'alcool **à plein nez**[10] !
- Pas étonnant, tu as vu ce qu'il a dans sa barque ?
- Du rhum agricole de Martinique ! Et pas qu'une seule bouteille !
- Il vient d'où ?
- Tu as vu la tête qu'il a ?

- Il n'a pas mangé depuis un mois, au moins !
- Il n'a pas l'air de vouloir se réveiller, **l'animal**[11] !
- Je pense qu'il faut appeler **le 15**[12].
- Le temps qu'ils arrivent il a le temps de **clamser**[13] trois fois, le pauvre. C'est pas au Mont qu'il faut s'échouer si on a envie de s'en sortir…
- À mon avis il est venu là pour mourir…
- Comme les éléphants tu veux dire ?
- Je n'ai jamais vu d'éléphants au Mont-Saint-Michel !
- Moi non plus, t'es bête !

La Mère Poulard apparaît soudain, qui **dévale**[14] la Grande Rue avec une omelette dans chaque main. Tout le monde s'interrompt.

Dans un silence de mort, on entend les **cloches** du Monastère…

la cloche

die Glocke

Elles **sonnent le glas**[15].

6 **faire des signes** - Zeichen geben
7 **se troubler** - sich trüben
8 **s'évanouir** - ohnmächtig werden
9 **s'écrier** - ausrufen
10 **puer à plein nez** (umg.) - total stinken
11 **l'animal** (m.) - das Tier, hier: der arme Teufel
12 **le 15** - die Notrufnummer in Frankreich
13 **clamser** (umg.) - krepieren
14 **dévaler** (umg.) - hinunterrennen
15 **sonner le glas** - die Totenglocken läuten

Le Mont St. Michel ...

... zieht jedes Jahr über
3 Millionen Touristen an.

Der berühmte Berg liegt im Nordwesten Frankreichs in der Normandie und wird durch einen Damm mit dem Festland verbunden – bei Flut liegt er unter Wasser.

1 Kilometer trennt die rund **50** dauerhaft dort wohnenden Insulaner vom Festland.

Seit dem **8. Jh.** wird die felsige Insel bewohnt.

In den Touristenmonaten zwängen sich täglich tausende von Besuchern durch die Hauptstraße der Altstadt, die **Grand Rue**.

Berühmt sind die Omeletts von **La Mere Poulard**. Was ursprünglich ein schnelles Essen für die ausgehungerten Pilger war, die auf der Insel ankamen, ist heute eine Touristenattraktion,bei der die Zubereitung mit einem großen Spektakel erfolgt.

7 UN MARDI À GIVERNY

Chaque année, Camille fait son **pèlerinage**[1] à Giverny. Elle est **gardienne**[2] à l'Orangerie... Dans ce musée parisien pas comme les autres, les gardiens ont un profil bien spécial : ce sont tous de grands **émotifs**[3] ! Leurs histoires à tous ont la même **chute**[4], une grande chute bien romantique : un beau jour ils voient une **toile**[5] de Monet... et c'est le début d'une autre vie !

Toute la journée, Camille raconte aux touristes l'histoire des Nymphéas, depuis les premières **esquisses**[6] de 1897 jusqu'à l'arrivée des plus grandes toiles au Musée en 1927.

En 1927, **Claude Monet** vient de mourir et cela fait trente ans qu'il remplit des toiles de **nénufars**... et qu'il prépare sa grande **frise**[7] panoramique. Camille connaît chaque cm^2 des deux grandes salles ovales. Mais elle connaît aussi très bien tout ce que Monet peint à Giverny... Camille aime surtout la série des Paysages d'eau.

Monet (1840 – 1926) war einer der wichtigsten impressionistischen Künstler Frankreichs.

le nénufar – die Seerose

1 **le pèlerinage** – die Pilgerfahrt
2 **la gardienne** – die Wächterin
3 **émotif(ve)** – sensibel
4 **la chute** – hier: die Pointe, auch der Fall (später im Text)
5 **la toile** – die Leinwand
6 **l'esquisse** (f.) – die Skizze
7 **frise** – das Fries

Sa collègue Sophie du **musée de Giverny** l'invite chez elle chaque année. Un mardi du mois de mai, quand le musée est fermé. Sophie n'est pas seulement la gardienne du musée et de la maison de Claude Monet, elle est aussi l'arrière petite-fille de Camille Doncieux, la première femme de Monet. Peut-être que c'est pour cela qu'elle se sent autant chez elle à Giverny.

Sophie, elle, vient à l'Orangerie beaucoup plus souvent. Elle écrit un livre sur son arrière grand-mère et passe presque tous ses mardis à Paris dans les bibliothèques et les archives. Si Camille vient la voir à Giverny cette année, elle va lui montrer sa grande **trouvaille**[8]...

La vie de Monet n'était pas une vie facile : tout cela est bien connu. Tout le reste est bien connu aussi... Mais il y a quelque chose que l'on ne connaît pas. Quelque chose que Sophie cherche depuis des années... et qu'elle vient enfin de trouver ! Enfin, pas encore tout à fait. Elle vient de trouver un premier indice mais elle est déjà tout **excitée**[9].

Als **Maison et jardins de Claude Monet** wird das Anwesen des Malers bezeichnet, der von 1883 bis 1926 hier lebte.

Monet legte im Lauf der Jahre prächtige Blumen- und Wassergärten an, darunter auch den berühmten Seerosenteich, den er häufig malte.

Das Haus kann zusammen mit dem Atelier und den Gärten besichtigt werden. Es liegt nordwestlich von Paris in **Giverny** und kann von dort in ca. 1 Stunde erreicht werden.

Elle vient de trouver une lettre de **Zola** à Monet que personne encore ne connaît... une lettre où Zola écrit à Monet qu'il ne doit surtout pas **détruire**[10] sa correspondance avec Camille même si Alice, qu'il vient d'**épouser**[11], le lui demande.

Émile Zola (1840 – 1902) gilt als einer der größten französischen Schriftsteller des 19. Jh. Er war auch als Journalist tätig, der sich am politischen Leben beteiligte.

L'idée de perdre une part si importante de son histoire est une idée folle pour lui : lui qui voit partir tant de choses dans sa vie, lui qui cherche dans sa peinture à garder la mémoire de ce qui va **disparaître**[12]... Comment peut-il faire cela, lui ?

Sophie sait tout cela... Et elle le comprend très bien. Le tableau qui la fascine, elle, depuis toujours, c'est le portrait de Camille, dans son lit, juste après sa mort. Un tableau très **émouvant**[13] où la couleur blanche **efface**[14] un visage qu'on voit comme à travers une **tempête de neige**[15]... Le visage de Camille qui s'en va.

Sophie ne pense plus qu'aux lettres de Camille.
Où sont-elles ?

Cela fait un mois qu'elle doit s'occuper des **planches vermoulues**[16] du petit pont sur le grand **bassin**... Elle le sait.

der Teich

8 **la trouvaille** – der Fund
9 **excité(e)** – aufgeregt
10 **détruire** – zerstören
11 **épouser qn.** – jdn. heiraten
12 **disparaître** – verschwinden
13 **émouvant** – bewegend
14 **effacer** – wegradieren
15 **la tempête de neige** – der Schneesturm
16 **vermoulu(e)** – von Würmern zerfressen

Mais elle est très occupée avec son livre et chaque jour elle pense qu'elle va le faire le lendemain.

Elle pense à Camille, partie à 32 ans et au choc que c'était pour Claude. Camille c'était toute sa vie. Elle pense que Monet n'est pas le peintre des moments heureux, des dimanches à la campagne... Non, pas du tout.
Ce qu'il cherche est bien plus important, mais qu'est-ce que c'est ? Pourquoi tant d'années à peindre des nénufars ? Ou à peindre la cathédrale de Rouen ?

Sophie pense à Camille dans son jardin de Vétheuil avec ses deux fils.

Elle ne pense pas à Camille, l'autre Camille, qui va venir lui rendre visite dans trois jours à Giverny. Elle ne pense pas à sa manie de **se pencher**[17] et de rester des heures à **rêvasser**[18] sur le petit pont, les yeux perdus on ne sait où dans le bassin.

… Sophie ne sait pas qu'avec sa chute, c'est Camille qui va l'aider à trouver ce qu'elle cherche depuis des années !

Bien sûr, Camille se penche, elle se penche vraiment trop. Le bassin l'**attire**[19] comme l'attirent les grandes toiles de Rothko, qu'elle aime comme ses chers Nymphéas des Tuileries.

À quoi elle pense Camille quand elle regarde l'eau du bassin ? Elle pense à quoi … Elle pense à des choses trop lourdes ?

Alors voilà que le bois **pourri**[20] du petit pont **lâche**[21]

et elle tombe !

Au fond de l'eau il y a une boite en métal avec les lettres de Camille.

17 **se pencher** – sich beugen
18 **rêvasser** – träumen
19 **attirer** – anziehen
20 **pourri(e)** – faul
21 **lâcher** – nachgeben

le jardin de fleurs

der Blumengarten

8 LE GRAND SAUT

Chaque année, Véronique et Éric préparent leurs vacances d'été bien à l'avance. Dès le retour des sports d'hiver, en février, ils réfléchissent à ce qu'ils vont faire pendant les grandes vacances. C'est toujours compliqué. Il faut trouver un lieu qui va plaire à toute la famille, aux parents et aux deux enfants Arthur et Lucile. Véronique aime la plage et la **bronzette**[1] , Éric aime le sport et les émotions fortes, la petite Lucile aime tout... et son grand frère Arthur, en pleine crise d'adolescence, n'aime rien !

- J'ai une idée pour cet été : on va aller en Bretagne !
- Arrête maman, tu ne vas pas aimer : en Bretagne, il fait froid et il pleut **un jour sur deux**[2].
- Mais non Arthur, on peut aller dans le sud de la Bretagne, le climat est plus doux... Et puis on n'est pas **obligé**[3] de faire du camping comme l'an dernier, on peut trouver un **gîte**[4]. Tu en dis quoi, Éric ?

- Du moment qu'il y a un nouveau sport à découvrir, je suis d'accord ! Et toi Lucile ?
- Moi, tout me va, merci !

- Ah la **frangine**, elle m'énerve à être toujours d'accord avec tout le monde. Tu ne peux pas avoir tes idées à toi de temps en temps, hein ?

En ce moment le frère et la sœur s'entendent comme chien et chat, mais les parents arrivent vite à les calmer. Cette année, voilà le programme : on va aller dans le Morbihan, à Pénestin (prononcer « Pénétin »), découvrir sa célèbre plage de la Mine d'Or et faire du **parapente** sur la **falaise**. Enfin, ceux qui veulent !

Les grandes vacances arrivent vite. On prépare les bagages, on essaie de ne rien oublier : maillots de bain et crème solaire pour le beau temps, **K-ways** et bottes en cas de pluie, livres, guide touristique... Le samedi matin : en voiture pour la Bretagne !

1 **la bronzette** - das Sonnenbaden
2 **un jour sur deux** - jeden zweiten Tag
3 **obligé(e)** - gezwungen
4 **le gîte** - die Pension

La famille s'installe au gîte. C'est une jolie maison bretonne typique, avec des murs blancs, des **volets** bleus et un toit en **ardoise**. Elle est petite mais confortable. Il y a une chambre pour les parents, une pour les enfants, une salle à manger avec deux grandes fenêtres et une terrasse pour manger dehors. La propriétaire, une vieille grand-mère aux yeux bleus leur explique où acheter la meilleure baguette du coin, où manger les meilleures **moules de bouchots**... Elle connaît de bonnes adresses !

- Vous aimez sûrement aller au restaurant avec votre mari, non ?
- Mon mari...Nous ne sommes pas mariés, mais ce n'est pas grave !
- Je peux vous dire que de mon temps, ce n'était pas pareil...
- Oui, j'imagine. Aujourd'hui cela n'a aucune importance !
- Vous en êtes sûre ?

Pénestin avec sa plage de la Mine d'Or est vraiment un lieu unique au monde ! La plage fait presque deux kilomètres, avec une falaise de couleur ocre-orange. Pour Arthur, « c'est le désert du Nevada ! » ; lui qui n'aime rien d'habitude trouve ça vraiment beau. Véronique et Éric racontent aux enfants l'histoire du lieu. Sa géologie explique cette couleur fascinante. Et puis il y a l'ancienne mine d'or. C'était un **espoir**[5] fou : trouver de l'or dans le sable, mais il y en avait tellement peu...

Puis le grand jour arrive : celui du **baptême**[6] de parapente, pour toute la famille ! La petite Lucile reste avec son père, ils vont sauter ensemble de la falaise avec un parapente **biplace**[7]. Les deux autres vont sauter tous seuls. Arthur a un peu peur mais il ne le montre pas. Sa mère, elle, a vraiment très peur. C'est le grand saut...

Une fois dans le ciel, quelle émotion ! Éric est le plus heureux du monde. Lucile crie de joie. Arthur oublie sa mauvaise humeur. De retour sur la **terre ferme**[8] , il raconte avec un grand sourire :

- C'était trop bien ! Mais maman, ça va ? Tu es toute blanche...
- Merci, ça va aller. Vous savez, les sauts dans le vide ce n'est pas **mon truc**[9] !

Le lendemain matin, les enfants vont au mini-golf. Lucile adore ; c'est normal : elle adore tout. Mais l'idée ne plaît pas à son grand frère : « je ne suis pas le baby-sitter de service ! ». Les parents promettent une sortie tous ensemble pour l'après-midi.

5 **l'espoir** (m.) – die Hoffnung
6 **le baptême** – die Taufe
7 **biplace** – für zwei Personen
8 **la terre ferme** – der feste Boden
9 **mon truc** – mein Ding

Au port de Tréhiguier, Véronique et Éric emmènent leurs enfants visiter la Maison de la **mytiliculture**[10] installée dans l'ancien **phare**[11] . Ici on peut tout apprendre sur la culture des moules dans la région. Après on peut aller en manger ; la dame du gîte connaît une bonne adresse. Arthur fait la grimace : « Beurk, c'est vraiment **dégoûtant**[12] les moules ! ». « Alors on dîne au gîte, sur la terrasse » répond sa mère.

Le soir après le dîner, il fait encore bon et la famille va se promener sur le **sentier côtier**[13] . Le coucher de soleil sur la mer donne des idées à Éric :

- Chérie, j'ai envie de t'emmener au restaurant. Juste toi et moi ...
- Avec plaisir. On dit demain soir ? Comme ça on a le temps de choisir un endroit et de réserver. Arthur, tu veux bien rester seul avec Lucile au gîte demain soir ?
- Tu veux dire « garder Lucile » ... **J'en ai ras le bol**[14] de ces vacances où je dois m'occuper de la frangine. Ne comptez pas sur moi la prochaine fois...

Au restaurant, Véronique et Éric ont la plus jolie table, avec vue sur la falaise et sur la mer. La serveuse leur apporte deux grandes marmites de moules et une bouteille de vin blanc bien frais. Bon appétit !

Éric a l'air très **ému**[15] (ou est-ce l'**effet**[16] du verre de vin ?). Il regarde Véronique droit dans les yeux :

- Chérie, j'ai une grande question : veux-tu m'épouser ?
- Tu parles sérieusement ?
- Oui, je sais, ça fait quinze ans qu'on vit ensemble...

Véronique ne répond pas, elle se passe la main sur les cheveux....

Éric ajoute avec un sourire :

- Bien sûr, pour toi qui a peur de sauter dans le vide, c'est peut-être ça, le vrai grand saut ?

10 **la mytiliculture** - die Miesmuschelzucht
11 **le phare** - der Leuchtturm
12 **dégoûtant** - ekelhaft
13 **le sentier côtier** - der Küstenpfad
14 **en avoir ras le bol** (umg.) - es satt haben
15 **ému(e)** - bewegt
16 **l'effet** (m.) - die Wirkung

9 MADAME BONNET ET SON CHAMP DE LAVANDE

Le Luberon est un pays **secret**[1]. Beaucoup de gens ne le connaissent pas. Beaucoup de gens prononcent mal son nom, aussi. Les Parisiens – les « parigots » comme on les appelle en Provence – ils disent « Lubéron ». Mais comme il n'y a pas d'accent sur le e, on prononce comme ça s'écrit : « Lu-beuh-ron » !

Solène et Alexandre sont deux parigots. Lui est avocat, elle dans la communication. Ils sont très fatigués et ont besoin de **se changer les idées**[2] Surtout Solène.

- Tu as vu tes **cernes**[3], ma chérie ? Il est temps de prendre des vacances !
- Allez, ça suffit, Alexandre. Je viens de passer une année difficile, j'**étais au bord du burn-out**[4], mais si tu me parles de mon physique je vais vraiment déprimer...
- Ne t'inquiète pas, pour moi, tu es la plus belle !

TVG steht für **train à grand vitesse**.

Ils prennent le train à la Gare de Lyon jusqu'à Aix **TGV**. Là, ils **louent**[5] la petite voiture bleue qui va les emmener dans un pays de rêve. C'est sûr, ça va être beau comme sur les cartes postales !

Aix-en-Provence ist eine Universitätsstadt in der Region **Provence-Alpes-Côte d'Azur**. Über ein Drittel der Aixois – so nennt man die Bewohner der Stadt – sind Studenten.

Alexandre veut passer par le centre d'**Aix-en-Provence**.

- Ça te dit de prendre un café? Je veux revoir les vieilles rues d'Aix, le Théâtre de l'Archevêché... Ça va me rappeler quand j'étais là il y a vingt ans, avec mes parents pour le Festival. Quel ennui! Ma mère adore l'opéra, moi je déteste ça ! Ces chanteurs lyriques, ils **hurlent**[6] !
- Allez Alexandre, maintenant, c'est loin tout ça !
- Tu as raison Solène ! Je veux juste marcher dans la ville et t'offrir un café. On va fêter le début de nos vacances!

Le couple visite un peu la ville avant de partir pour le Luberon. Le **gîte**[7] est à **Castellet**, un petit village près d'Apt.

Im alten Ortskern von Castellet finden sich viele kleine verwinkelte Gässchen.

C'est une ancienne **distillerie**[8] de lavande choisie par Alexandre. Il veut faire une surprise à Solène : elle aime tellement la lavande! C'est son parfum préféré. Chez eux, il y a toujours un savon à la lavande pour se laver les

1 **secret(ète)** - geheim
2 **se changer les idées** - Abwechslung brauchen, auf andere Ideen kommen
3 **les cernes** (f.) - die Augenringe
4 **être au bord du burn-out** - am Rande eines Burn-Outs sein
5 **louer** - mieten
6 **hurler** - schreien
7 **le gîte** - die Berghütte
8 **la distillerie** - die Brennerei

das Lavendelsäckchen

le sac de lavende séchée

mains et des petits **sacs de lavande séchée** dans les armoires pour parfumer les vêtements, les serviettes... Et puis l'endroit est calme, c'est sûr, elle va adorer!

La maison est vraiment très belle avec ses fenêtres d'un bleu **lumineux**. Il n'y a pas de piscine mais l'endroit est idéal. Le jardin est **entouré**[9] de vieux murs de pierres. De là, on a une vue sur les montagnes du Luberon, les Monts du Vaucluse et même les Alpes.

- Vous allez être bien, je l'espère, dit Madame Bonnet, la propriétaire du gîte. Regardez ce paysage magnifique, je le vois tous les jours depuis plus de soixante ans, il ne change pas. La distillerie, c'était celle de mes grands-parents.
- Cette montagne là-bas, c'est quoi?
- C'est la plus haute du Luberon, on l'appelle le Mourre Nègre!
- Drôle de nom. Et la distillerie, c'était comment son nom ?
- La distillerie Bonnet, tout simplement ! Nos champs de lavande étaient de l'autre côté de la route. Il nous en reste un

seul aujourd'hui. Je ne veux pas le vendre, c'est un souvenir de famille, on dit même que c'est un champ spécial, qu'il a des **pouvoirs surnaturels**[10]. Mais il est tard, vous êtes fatigués et je suis si **bavarde**[11]. Je vous souhaite un bon séjour, vous pouvez m'appeler si vous avez besoin de renseignements.

- Oui, vous connaissez peut-être un bon endroit pour manger dans la région ? Quelque chose de typique ?
- Bien sûr ! Il y a une **ferme auberge**[12] à Sivergues, si les petits chemins de **cailloux**[13] ne vous font pas peur... L'endroit est magnifique et la nourriture délicieuse!

Le soir, dans le lit, la tête sur un oreiller parfumé à la lavande, Solène pense au champ et à son secret. Y a-t-il un **trésor**[14] sous terre caché depuis plusieurs centaines d'années, ou bien un passage secret pour arriver aux pieds du Mourre Nègre ? Des histoires pour les enfants !!

Le lendemain, il fait très chaud, le soleil brille. Vont-ils enfin être au calme comme ils l'espèrent? Ce n'est pas si simple, leur travail ne s'arrête jamais. Solène n'en peut plus :

- C'est presque comme au bureau, je viens de trouver dix messages sur mon téléphone portable. Au secours, je dois faire un break !

Et bien sûr ses cernes sont toujours là, même si Alexandre n'en parle plus... C'est le moment de partir pour la ferme auberge, voilà une bonne idée pour se changer les idées !

Au bout d'un petit chemin de cailloux (Madame Bonnet avait raison, c'est du sport),

9 **entouré(e)** - umgeben
10 **les pouvoirs surnaturels** (m.) - die übersinnlichen Mächte
11 **bavard(e)** - geschwätzig
12 **la ferme auberge** - der Landgasthof
13 **le caillou** - der Stein
14 **le trésor** - der Schatz

ils arrivent devant une énorme **bâtisse**[15] du XVIe siècle, avec de grandes tables sous les arbres. Le repas est délicieux : des légumes à la provençale, du jambon cru, du fromage de chèvre, du miel de lavande...
Solène sort sa cigarette électronique. Elle fume pour trouver le calme. Malgré le beau paysage, elle se sent triste. Alexandre propose d'aller voir une distillerie de lavande, il y en a une à Apt.

La visite est très intéressante, il y a tant de choses à voir. Alexandre montre à Solène un **alambic**[16] en cuivre de la fin du XIXe siècle :

- Regarde, c'est comme au gîte. Je comprends maintenant ce que c'est que ce gros objet **bizarre**[17] dans le jardin.

Il y a aussi une très grande **cuve**[18] moderne pour distiller la lavande. Après la visite, on peut aller au magasin et acheter des souvenirs, du savon, de l'eau de toilette, de l'**huile essentielle**[19]. Alexandre achète des savons pour Solène et pour ses parents, elle choisit de l'eau de toilette, c'est pour faire un cadeau d'anniversaire à sa meilleure amie.

Le lendemain, ils vont prendre un café au village et s'assoient en terrasse. Le patron leur pose des questions :

- Alors vous êtes à l'ancienne distillerie ? C'est bien n'est-ce pas ? Madame Bonnet est sympathique, et bavarde comme

Das Kloster **L' Abbaye Notre-Dame de Sénanque**, das bereits im 12. Jh. gegründet wurde, ist eine der Sehenswürdigkeiten des Luberon. Es liegt wunderschön an vorgelagerten Lavendelfelden.

moi ! Ici dans le village c'est comme ça, on aime parler, on se raconte des choses... Par exemple, vous le connaissez, vous, le secret de son champ ? Les gens se posent des questions depuis ce **miracle**[20] il y a très longtemps. Un champ qui **guérit**[21] les malades, c'est possible ? Et puis est-ce que c'était un homme, une femme, un enfant ? Ou un animal ? Excusez-moi, ce n'est pas très clair tout ce que je vous raconte !

Solène fume beaucoup, ce n'est pas cette histoire de lavande et de secret qui va l'aider à aller mieux, elle.

Le soir, Alexandre reste au gîte pour téléphoner à ses parents. Son amie **tourne en rond**[22]. Que faire ? Sortir se promener, se changer les idées ? On est en juillet, il y a un coucher de soleil magnifique, et elle, elle déprime ! Solène s'arrête devant le champ et respire à fond. Va-t-elle fumer ? Non, pas besoin de cigarette. Miracle, voilà qu'elle se **détend**[23] et qu'elle se sent mieux ! Devant cette **immensité**[24] de violet, toutes ces fleurs violettes sous le ciel violet, sa tristesse s'en va. Merci Madame Bonnet, c'était donc ça le secret de votre champ de lavande!

15 **la bâtisse** - das Haus
16 **l'alambic** (m.) - der Destillierkolben
17 **bizarre** - seltsam
18 **la cuve** - der Tank, der Bottich
19 **l'huile essentielle** (f.) - das ätherische Öl
20 **le miracle** - das Wunder
21 **guérir** - heilen
22 **tourner en rond** - hin- und hergehen
23 **se détendre** - sich entspannen
24 **l'immensité** (f.) - die Weite

Lavendel …

… und ausgedehnte Lavendelfelder sind ein Kennzeichen der Region Haute-Provence.

die schöne Landschaft

le beau paysage

Die großen Lavendelfelder ziehen jedes Jahr zahlreiche Touristen an.

Wenn Sie den blühenden Lavendel einmal in Natura sehen möchten, sollten Sie zwischen Mitte Juni und Mitte August in die Provence reisen. Danach wird er geerntet.

das Lavendelfeld

le champ de lavande

Die Farbe lavendelblau heißt im Französischen **lavande**.

Aus der Pflanze lassen sich zahlreiche wohlduftende Dinge herstellen, so zum Beispiel …

der getrocknete Lavendel

la lavande séchée

l'essence de lavande (f.)

das Lavendelöl

Lavendelöl kann als Duftstoff in Parfüms oder Seifen verwendet werden. Es wird aber aufgrund seiner entspannenden Wirkung auch in Salben oder Badezusätzen eingesetzt. Lavendel hat eine beruhigende Wirkung und wird sogar zur Behandlung von Unruhezuständen verwendet.

die Lavendelseife

le savon de lavande

la confiture de lavande

die Lavendelmarmelade

das Macaron

le macaron

Lavendel findet sich auch in Essbarem wieder: in Marmeladen und Süßigkeiten, aber auch als Bestandteil der herzhaften Küche, in Fleischgerichten, Eintöpfen oder Soßen.

10 VERSAILLES, PLUS JAMAIS...

Pourquoi emmener une enfant de sept ans voir *Tous les matins du monde* au cinéma ? Parce qu'elle aime la musique, parce qu'elle fait du **violoncelle** au conservatoire ?

Dans le film, on voit **Jean-Baptiste Lully**, le grand compositeur du roi Louis XIV, diriger un orchestre. Pas comme les chefs d'aujourd'hui qui ont une **baguette** : lui a une sorte de **canne**[1]. Il porte une perruque, c'est du grand théâtre et de la grande musique !

Mais raconter la mort de Lully à cette enfant, ce n'est peut- être pas une bonne idée... C'était celle de mon professeur de violoncelle :

– Imagine, Julie : Lully dirige son Te Deum. Cela ne va pas comme il veut, il n'est pas content du travail de l'orchestre. Alors, il **se met en colère**[2] et avec sa canne il se frappe très fort le pied. Il se **blesse**[3] et il en meurt !

À mes yeux d'enfant, cette histoire était complètement tragique. Aujourd'hui, elle me semble plutôt comique, ou bien disons... tragi-comique ?
Ce qui est sûr, c'est que je ne **supporte**[4] ni la vue du sang, ni les perruques ni la musique baroque !

Je suis professeur des écoles. J'aime beaucoup mon métier et j'aime beaucoup les enfants.
Un matin, la directrice de l'école où je travaille me **convoque**[5] dans son bureau :

- Mademoiselle Arnould, avec votre classe de CM2 vous allez visiter Versailles au mois d'octobre. J'espère que vous êtes contente ! Versailles, les enfants vont adorer...

Les enfants peut-être (ce n'est même pas sûr), mais moi, leur maîtresse ? Versailles, le Roi-Soleil et le reste, **ce n'est pas ma tasse de thé**[6]... Enfin la directrice ne me laisse pas le choix !

La nuit avant la sortie à Versailles, je dors mal... Des images m'**obsèdent**[7] :
Un homme ***frappe***[8] *le sol en rythme avec une lourde canne, on entend de la musique, un orchestre.*
L'homme frappe plus fort, la musique devient plus forte. Rouge de colère, avec sa grande perruque qui bouge autour de sa tête, il fait presque peur.
Puis le bout de sa canne devient tout rouge : du sang ! La musique joue toujours, de plus en plus fort, la perruque tombe et l'homme se met à rire ...

1 **la canne** - der Stock
2 **se mettre en colère** - in Wut geraten
3 **se blesser** - sich verletzen
4 **supporter** - ertragen
5 **convoquer qn** - jmdn. bestellen
6 **ce n'est pas ma tasse de thé** - es ist nicht mein Ding
7 **obséder** - keine Ruhe lassen
8 **frapper** - klopfen

Je me réveille en sursaut[9]; quel drôle de rêve ! J'ai trente-deux ans et je me souviens donc de ce film vu il y a vingt-cinq ans… Je bois un grand verre d'eau et je me recouche.

Le matin du **jour J**[10], mes vingt-huit élèves et moi prenons le RER pour Versailles avec quelques parents qui nous accompagnent. Il fait beau. Au programme de la visite : le château avec la Galerie des Glaces, le parc (pour le pique-nique), la Chapelle Royale et l'Opéra Royal. J'espère que tout va bien se passer, c'est toujours du stress une sortie de classe…

Le château et le parc sont **noirs de monde**[11]. Des classes d'enfants, bien sûr, venues de toute la France. Versailles, c'est un grand classique… Et puis des groupes de touristes, de tous les pays. Quel bruit ! Attention de ne pas perdre un enfant de la classe. Les parents d'élèves m'aident, on compte, on recompte : « vingt-sept… vingt-huit, très bien ! »

Mais pour ces enfants du XXIe siècle, la **Galerie des Glaces** et ses **dorures** sont-elles encore magiques ?

Pas sûr :

- Les histoires de rois et de reines c'est pour les bébés !
- Pourquoi pas le château de la Reine des neiges…
- Disneyland, c'est mieux, je vais y aller avec ma grande sœur !

« Allez les enfants, c'est l'heure du pique-nique ! » On recompte les vingt-huit élèves, ils sont tous là et ont bien faim.

Une petite fille **renverse**[12] du jus de fruit sur ses vêtements. Pendant une seconde, je panique : ce n'est pas du jus de fruit que je vois, c'est du sang ! J'essaye de penser à autre chose, de bien **respirer**[13] : je me calme.

L'après-midi, nous allons visiter la Chapelle Royale. Quand nous entrons, on joue de la musique, c'est de l'orgue. Cette musique baroque, quelle horreur… Elle me donne la **chair de poule**[14] et j'ai du mal à respirer. Je m'assois, je ferme les yeux, courage ! Heureusement, personne ne remarque ma nervosité, ni les élèves, ni les parents…

9 **se réveiller en sursaut** – aus dem Schlaf hochschrecken
10 **le jour J** – der Tag X
11 **noir(e) de monde** – voll
12 **renverser qc** – etw. verschütten
13 **respirer** – atmen
14 **la chair de poule** – die Gänsehaut

le jardin baroque

der Barockgarten

Pour terminer la journée, nous allons visiter **l'Opéra Royal**. Je me sens fatiguée. Courage, c'est le dernier **effort**[15] de la journée, après on rentre !
J'explique aux enfants l'histoire du lieu : « Cet opéra n'est pas de l'époque du Roi-Soleil mais de celle de Louis XV. L'inauguration date de 1770 ». Visiter l'Opéra Royal… c'était une idée de la directrice, pas la mienne bien sûr !

Nous allons sur la **scène**[16], cela amuse beaucoup les enfants. Ils commencent à chanter des airs de leurs **dessins animés**[17] préférés.
- *Oh try everything…*
- Les enfants, ça suffit !

Sur scène, il y a beaucoup de choses : des décors, des meubles, des accessoires …
Soudain, dans les coulisses, je vois une silhouette qui s'avance avec une perruque sur la tête. Lully, c'est lui !

- Mademoiselle Arnoult, qu'y a-t-il ? Vous êtes toute **pâle**[18] ! Vous ne vous sentez pas bien ? Vous voulez que j'appelle un médecin ?
- Je vous remercie, Madame Dumont. Je vais m'asseoir quelques minutes et je suis sûre que ça va aller mieux. Je suis très fatiguée en ce moment, je dors mal... Excusez-moi !
- Il n'y a pas de quoi. Allez, reposez-vous un peu !
- Je suis désolée, ce n'est pas le moment alors qu'il y a tous les enfants...
- Les enfants sont sages, ne vous inquiétez pas !

Dans la salle, quelques **machinistes**[19] discutent :
- Mais qu'est-ce qu'elle a la petite dame là-bas, elle est toute blanche, tu crois qu'elle va **tomber dans les pommes**[20] ?
- Non, elle a l'air d'aller mieux, une autre dame l'aide.
- Tant mieux ! Et dis-donc Maurice, n'est-ce pas qu'elle me va bien cette perruque ? C'est pour le prochain spectacle, en costumes d'époque.
- Ils en avaient de ces **choucroutes**[21] sur la tête, les pauvres ! Et puis on doit mourir de chaud là-dessous...

15 **l'effort** (m.) - die Anstrengung
16 **la scène** - hier: die Bühne
17 **le dessin animé** - der Zeichentrick
18 **pâle** - blass, bleich
19 **le machiniste** - der Bühnentechniker
20 **tomber dans les pommes** (umg.) - in Ohnmacht fallen
21 **la choucroute** - das Sauerkraut, hier: die Sauerkraut-Frisur

11 LES GALETS PEINTS DE MATISSE

le volet
der Fensterladen

Matisse dort.
Collioure, Hôtel de la Gare, il est 5 heures du matin.
La **femme de chambre**[1] traverse la chambre **sur la pointe des pieds**[2].

Sous le lit il y a 40 cm de **galets**... Une vraie plage ! Des galets plats, tous très beaux. C'est elle qui les a choisis, pour lui. Chaque jour elle en apporte de nouveaux, la nuit. Pourquoi elle les cache là si les galets sont pour lui ? Pourquoi elle ne lui dit rien ?

Matisse sait d'où viennent les galets qui arrivent chaque nuit sous son lit mais il ne dit rien : ça l'amuse. Quand Margot entre dans sa chambre, il se réveille. Il ouvre juste un œil mais ne bouge pas. Amélie est à Paris avec les enfants et il **peint**[3] seul tout le jour. Quand il ne peint pas, il marche avec son ami Derain sur la Promenade. Les visites matinales de Margot sont des moments agréables, hors du temps. Matisse sait qu'il peut dormir encore, la présence de cette femme dans sa chambre le **rassure**[4]. On entend à peine les pas de Margot sur le tapis : Matisse l'imagine pieds nus sur le sable. Il se rendort.

le galet
der Stein

Depuis un mois, Margot nettoie les **pinceaux** de Matisse tous les matins, elle va chez le droguiste lui acheter ses **tubes de couleurs** une fois par semaine. C'est elle qui va chercher ses **toiles** chez Derain, de grandes toiles qu'elle doit monter jusque sa chambre et qu'elle pose devant la fenêtre. La chambre est toujours en ordre... Pas comme l'atelier de Derain, quelques rues plus bas.

Elle le regarde peindre quand elle passe derrière lui pour faire la chambre. La fenêtre est toujours ouverte, les **volets** laissent passer des rayons de lumière. C'est le début de l'été, la lumière est très forte ici.

Chaque fois qu'elle entre dans la chambre 311, Margot pense à son poète préféré Baudelaire et aux deux mêmes vers de L'Invitation au voyage, qu'elle aime vraiment beaucoup :

« Là, tout n'est qu'ordre et beauté, luxe, calme et **volupté**[5]. »

1 **la femme de chambre** – das Zimmermädchen
2 **sur la pointe des pieds** – auf Zehenspitzen
3 **peindre** – malen
4 **rassurer** – beruhigen
5 **Là, tout n'est qu'ordre et beauté, luxe, calme et volupté.** – Dort herrscht Ordnung nur und Schönheit, Luxus, Stille und Wollust.

le caillou

der Kieselstein

Matisse entend ces vers entrer avec Margot dans la pièce, et ça lui plaît, ça lui fait du bien.

Margot habite à Platja Grifeu, juste de l'autre côté de la **frontière**[6]. Elle vit en Espagne depuis la naissance de sa fille. Pour venir à l'hôtel elle doit partir très tôt. Elle fait la route tous les jours et s'arrête chaque fois à la Plage de la Balette. À cette saison (nous sommes à la fin du mois de juin), entre 4h50 et 5h10, le jour commence juste à se lever.

À 4h50, la **Plage de la Balette** est déserte. C'est très beau ! Là elle **remplit**[7] ses poches de **cailloux**... elle fait cela très vite, frénétiquement.

Sollten Sie einmal in **Collioure** sein, können Sie auf den Spuren von **Picasso oder Matisse** wandeln. Gehen Sie in das Restaurant **Hôtel des Templiers**. Dort sollen die Künstler ihrerzeit oft mit Bildern bezahlt haben.

le rocher

der Felsen

Der **Strand von Balette** liegt an der Bucht von Collioure. Dort findet man auch die Wehrkirche **Notre-Dames-des-Anges**. Finden Sie, dass sie wie ein Leuchtturm aussieht? Sie liegen richtig! Früher wurde der Turm für diese Zwecke genutzt.

Et elle les **vide**[8] un peu plus tard, sans faire de bruit, sous le lit de la chambre 311.

Quand Matisse sort pour retrouver Derain sur la Promenade, Margot entre vite dans sa chambre. Elle a besoin de voir ses galets, de les toucher. Elle les **caresse**[9], les change de place, les retourne dans ses mains. Puis elle en choisit quelques uns qu'elle emporte avec elle.

Le lendemain, ce sont d'autres galets que Margot apporte de la Balette. D'autres galets qu'elle choisit ensuite et emporte avec elle lorsqu'elle se retrouve seule dans la chambre de Matisse.

Matisse sait tout cela : ce jeu l'amuse de plus en plus.
Il aime bien Margot. Il aime ses excentricités pleines de **tendresse**[10].

Même s'il sent que Margot est **hantée**[11] par quelque démon, il sent aussi que son rituel est léger et joyeux !

Il voit bien qu'elle cherche quelque chose, infatigablement, jour et nuit, et c'est pour cela qu'il l'admire.

6 **la frontière -** die Grenze
7 **remplir -** füllen
8 **vider -** leeren
9 **caresser -** streicheln
10 **la tendresse -** die Zärtlichkeit
11 **hanté(e) -** verfolgt

En cet été 1905, Matisse peint des maisons roses aux volets bleus, des **toits** orangés et des montagnes rosées sur un fond bleu de mer et de ciel.

Derain, des murs verts, des bateaux rouges, des arbres bleus et des **voiles**[12] jaunes avec des couleurs juste sorties de leur tube !

Tous les deux vident des tubes qu'ils laissent sur le sol et que Margot **ramasse**[13]. Mais aucun des deux ne sait ce que Margot fait avec ces tubes... Matisse parfois cherche un pinceau... qu'il retrouve trois jours plus tard.

Chez elle, à Platja Grifeu, Margot peint. Elle peint le soir avec les restes de tubes de Derain et les vieux pinceaux de Matisse. Elle peint des galets. Des galets rouges, des galets orange, des galets jaunes... Des centaines de galets en couleur qu'elle va **déposer**[14] avec sa fille sur la plage.

Parfois la mer les emporte, mais parfois aussi la mer lui en rapporte, qu'elle reconnaît. Margot chaque jour en choisit d'autres, qu'elle va **rendre**[15] le lendemain à la mer. Peut-être sur une autre plage.

Elle dépose ainsi ses couleurs fauves tout le long de la côte catalane. De plus en plus de couleurs dans de plus en plus d'endroits. Peu de gens voient cela... Pour ceux qui le voient, c'est quelque chose d'extraordinaire ! Ce n'est pas seulement beau pour les yeux !

Margot ne choisit jamais ses endroits **au hasard**[16]. Elle cherche, sa fille l'aide. On ne sait pas ce qu'elles se racontent, on ne les entend jamais se parler.

Personne ne semble voir **l'œuvre**[17] de Margot. Chacun vit sa vie sans voir celle de Margot. Pour qui elle fait cela, la Margot ? La Margot elle vit comme ça. Elle s'exprime avec des couleurs. Elle est née **muette**[18].

À la fin de l'été, Matisse rentre à Paris retrouver Amélie. Margot quitte Collioure elle aussi... Elle emporte avec elle les mots de Matisse **murmurés**[19] à son oreille.

12 **la voile** - die Segel
13 **ramasser** - aufheben, sammeln
14 **déposer** - legen
15 **rendre** - zurückgeben
16 **au hasard** - zufällig
17 **l'œuvre** (f.) - das Kunstwerk
18 **muett(te)** - stumm
19 **murmuré(e)** - geflüstert

12 MERCI GUIGNOL !

- Guignol, fais attention, le gendarme est derrière toi !
- Ton ami Gnafron va t'aider, courage Guignol !
- Regarde Madelon, oh, qu'elle est belle avec ses grands yeux…
- Gui-gnol ! Gui-gnol !

Le spectacle de marionnettes a l'air de **passionner**[1] les enfants. Des tout petits aux plus grands, ici dans le public tout le monde rit et réagit. Même les adultes sourient de bon cœur. Peut-être que Guignol fait partie de leurs souvenirs d'enfance. Ou bien ils sont juste heureux pour leurs enfants, pour leurs petits-enfants…

Nicole remarque un jeune grand-père à côté d'elle. Il doit avoir la petite **soixantaine**. Bien habillé, les cheveux **poivre et sel**, avec des lunettes à la mode. Il tient la main d'une poupée blonde qui doit être sa petite-fille. Nicole, elle, accompagne Rose, la fille de son fils. Elle s'en occupe souvent pendant les vacances.

Rose applaudit tellement fort que le **foulard**[2] de Nicole tombe par terre. Parfait ! Son voisin le ramasse et le lui donne avec un grand sourire :

- Tenez madame, votre foulard. J'espère qu'il n'est pas sale, il est très beau…
- Merci ! C'est de la **soie sauvage**[3], il vient du Népal. Un cadeau de mon fils…

« De mon papa ! » ajoute Rose qui a toujours son mot à dire.

Merci Guignol, merci le foulard ! **La glace est rompue**[4]. On se présente :

- Moi c'est Nicole et là, c'est ma petite fille Rose.
- Je m'appelle Rose et j'ai sept ans !
- Enchanté ! Moi c'est Claude. Je suis là pour m'occuper d'Inès, ma petite-fille. Elle a sept ans comme toi, Rose ! Sinon, j'habite Grenoble.
- Bienvenue à Lyon, j'espère que la ville vous plaît.

Le spectacle se termine, chacun part de son côté, on se fait un petit signe de la main et un sourire : au revoir !

Mais **le hasard fait bien les choses**.[5] Nicole et Claude, Rose et Inès se retrouvent le lendemain matin au Musée des Marionnettes du Monde. C'est un vrai festival : Guignol et son **équipe**[6], Gnafron, Madelon, le gendarme, et puis des marionnettes d'Italie, de Java, du monde entier !

1 **passionner** – leidenschaftlich interessieren
2 **le foulard** – der Schal
3 **la soie sauvage** – die Wildseide
4 **La glace est rompue.** – Das Eis ist gebrochen.
5 **Le hasard fait bien les choses.** – hier: Wie es der Zufall will …
6 **l'équipe** (f.) – die Mannschaft

Lyon liegt im Südosten Frankreichs und ist nach Paris und Marseille die drittgrößte Stadt des Landes.

La Croix-Rousse ist ein Hügel mitten in Lyon und bezeichnet auch das gleichnamige Viertel mit vielen verwinkelten und steilen Gassen.

Canuts wurden die **Seidenweber** genannt, die sich zu Beginn des 19. Jahrhunderts im Viertel **Croix-Rousse** niederließen. Hier findet man Häuser mit sehr hohen Decken, die notwendig waren, um die hölzernen Webstühle unterzubringen. Gut ein Fünftel der Bevölkerung war damals in der Seidenweberei tätig. Sie arbeiteten für die Adeligen der Stadt, lebten selbst aber oft am Existenzminimum.

Pourquoi ne pas continuer la journée ensemble ? Nicole qui est lyonnaise propose des idées, et Rose **rajoute son grain de sel**[7], du haut de ses sept ans...

Lyon est une ville de montées, d'escaliers et de **pentes**. Claude découvre le **funiculaire**. Ça lui rappelle son voyage au Chili, à Valparaiso, c'était il y a bien longtemps avec son ex-femme...

- Ici les funiculaires, on les appelle les « **ficelles** », c'est joli comme nom, n'est-ce pas ?

Dans le quartier de la Croix-Rousse, on est au pays du **tissu**[8]. Nicole raconte :

- Mon mari était dans le commerce des tissus, c'est un univers que je connais bien !
- Et mon papi, il est mort.
- Oui, c'était il y a longtemps Rose, avant ta naissance. Tu ne peux pas te souvenir de lui...

On visite un ancien atelier de **Canuts**[9]. très haut de **plafond**[10] : pensez que les machines étaient hautes de quatre mètres ! C'est un vrai voyage dans le temps. On peut aussi acheter un foulard de soie, choisir sa couleur, son motif. Chaque fleur a son symbole...

7 **rajouter son grain de sel** (umg.) – sich einmischen
8 **le tissu** – der Stoff
9 **le Canut** – der Arbeiter in einer Seidenfabrik
10 **le plafond** – die Decke

Mais le programme des adultes, c'est fatigant pour les deux petites filles.

- J'ai mal aux jambes…
- J'ai soif…
- Et puis on a faim !
- On va vous acheter un goûter.
- Oui, des **bugnes** !
- Qu'est-ce que c'est ?
- Des **beignets** typiques de **Mardi gras**[11]. Rose adore… et moi aussi !

der Krapfen

Nicole parle encore à Claude de tout ce qu'elle aime dans sa ville : le Théâtre antique, le festival des Nuits de Fourvière et ses spectacles de théâtre, de musique, la basilique Notre-Dame de Fourvière, puis en bas le Vieux Lyon et la Saône. Sans oublier les traboules, ces passages d'une rue à l'autre à travers les **cours d'immeuble**[12] et qui font de Lyon une vraie **souricière**[13] …

S'occuper de deux petites filles de sept ans, c'est assez fatigant mais c'est joyeux ! Rose et Inès ont l'air de bien s'entendre… Et puis c'est l'occasion de belles crises **de rire** entre Nicole et Claude quand ils doivent **faire les gros yeux**[14] pour se faire obéir.

der Lachkrampf

- Nicole, vous... peut-être qu'on peut se dire « tu » ?
- Oui, bien sûr, c'est plus simple...
- Tu es une super grand-mère, dis-donc !
- Et toi un grand-père vraiment chouette !
- Elles en ont de la chance, nos petites-filles...

Les deux adultes **se font un clin d'œil**[15], c'est bon de partager des moments. On se sent parfois tellement seul, même avec des enfants...

Quelques jours plus tard, Nicole et Claude se donnent rendez-vous (sans Rose ni Inès) pour dîner ensemble. Les voilà face à face à la même table d'un **bouchon**[16] que Nicole connaît bien. Claude lui parle de sa ville, Grenoble, de la montée de la Bastille. On peut la faire en **téléphérique**[17] ou bien à pied, si on a le courage et de bonnes chaussures. C'est une très belle promenade ! Nicole est invitée, quand elle veut, si elle veut...

11 **Mardi Gras** – Faschingsdienstag
12 **la cour d'immeuble** – der Innenhof eines Wohnhauses
13 **la souricière** – der Mäusebau
14 **faire les gros yeux** – böse dreinschauen
15 **se faire un clin d'œil** – zwinkern
16 **le bouchon** (reg.) – hier: das Lyoner Restaurant
17 **le téléphérique** – die Seilbahn

Die **Bouchons** servieren typische Lyoner Gerichte, wie zum Beispiel Würste oder Pasteten. Die Speisen sind sehr reichhaltig und nichts für Kalorienbewusste.

13 AU PAYS DES VACHES ROUGES ET DES FROMAGES BLEUS

- Et celle-là ?
- Elle n'est plus toute jeune ! Tu sais quel âge elle a ?
- Moi, je trouve qu'elle a l'air plutôt **en forme**[1] !
- Eh bien c'est la plus vieille de toutes...
- Elle est belle, avec ses **bouclettes**[2] !
- Elle est très résistante. La nuit **ça rigole pas**[3]... c'est qu'il peut faire **sacrément**[4] froid ici l'été !
- Tu veux dire l'hiver ?
- Non, l'hiver je les descends dans la vallée.
- Et elle s'appelle comment ?
- Bérangère.
- Pourquoi elle te **suit**[5] partout ?
- Demande-lui ! Je crois qu'elle m'aime bien...
- Ça fait longtemps que tu travailles là ?
- Oh, ça fait très longtemps... depuis toujours, tu vois ! C'est difficile à imaginer, je sais ! En fait je suis né ici... J'habite ici depuis toujours. Je ne sais pas si je travaille, je ne crois pas, c'est quoi travailler ? Je m'occupe d'elles, c'est tout... Je vis avec elles. Et ça dure depuis toujours aussi ! Dans cette vallée. Je ne connais rien d'autre... Peut-être qu'un jour je vais partir, je ne sais pas.

Là le petit **n'en revient[6] pas**... À quatre heures de Paris, au XXIe siècle... le vieux vit seul, dans la montagne, avec ses vaches. Des vaches rouge carmin avec des longues **cornes** fines. L'été il monte à **l'estive[7]** avec son **troupeau[8]** et un sac à dos.

Mais qu'est-ce qu'il fait là, le petit ? À 1300 mètres d'altitude, dans les Monts du Cantal, au cœur du Parc naturel régional des volcans d'Auvergne ? Ils sont où ses parents ?

Bérangère le regarde.

Le petit n'a pas peur, ça lui plaît qu'elle le regarde comme ça. Ce soir, il va rester avec le vieux. Il a plein de questions à lui poser. Il n'est pas du tout fatigué !

- Tu as vu un peu ce bleu !
- C'est trop incroyable ! Comment c'est possible... du fromage bleu avec des vaches rouges !

1 **en forme** - fit
2 **les bouclettes** (f.) - die Locken
3 **ça rigole pas** (umg.) - das ist nicht zum Lachen
4 **sacrément** (umg.) - extrem
5 **suivre** - folgen
6 **ne pas en revenir** - es nicht glauben können
7 **l'estive** (f.) - die Sennerei
8 **le troupeau** - die Herde

Après la **traite**, le lait descend en **4x4**[9] à la ferme, et c'est parti ! Le travail commence... Le vieux, lui, reste là-haut. Il sait exactement ce qu'ils vont faire. C'est tout un art de faire le fromage. Quand il n'est pas à l'estive, il est avec eux, en bas, et il observe. Cela fait plus de soixante-dix ans qu'il les regarde faire. Le lait de Bérangère c'est un peu son lait. Enfin, c'est ce qu'il dit... Le vieux il est un peu **barjo**[10], il dit même qu'il est capable de reconnaître les **fourmes** de Bérangère !

Cette nuit, le petit n'est pas prêt de fermer l'œil. Le **loup rôde** autour du troupeau.

Enfin il a l'impression...
Le vieux, il doit avoir quelque chose dans le nez, on l'entend jusque dans la vallée.

Le loup, lui, doit rôder du côté de la **bergerie**, en tout cas il n'a pas l'air d'inquiéter les vaches du vieux.

Le petit lit un livre pour **éloigner**[11] le loup et ne pas penser qu'il a peur. D'ailleurs, ce n'est plus le loup qui lui fait peur, derrière lui il commence à entendre tous les bruits de la nuit. Le vent souffle dans les sapins, le bois craque.

Pour reconnaître les fourmes de Bérangère, comment il fait le vieux ?

Il y a une bête, là, juste derrière. Peut-être qu'elle est sous les feuilles. Le petit ne bouge pas. Il a froid. Il pense à son lit. Et il pense au loup. Il pense à toutes les histoires de loups que sa mère lui raconte. Il a mal au ventre, le petit... très mal au ventre.

Le vieux crie dans son sommeil. Il fait des grands mouvements avec les bras. Le petit se rassure, il pense que c'est le loup qui doit avoir peur ! Il imagine le loup...
Au loin le petit entend un bébé qui pleure. Ce n'est pas possible, il doit rêver. Le bruit **se rapproche**[12]. Il ne rêve pas, il entend bien un bébé... et un bruit de **ferraille**[13]. C'est un bruit régulier, qui **grince**[14].

Il l'entend de plus en plus fort. Le bruit se rapproche encore.

Le petit attend. Il n'a pas peur. Il ne se demande pas pourquoi il y a tout ce fer grinçant qui vient vers eux, à cette heure-là, et avec un bébé. Ni pourquoi le bébé pleure...
Il fait trop noir pour voir.

9 **le 4x4 (gesprochen le quatre quatre)** - der Allradwagen
10 **barjo** (umg.) - total verrückt
11 **éloigner** - fernhalten
12 **se rapprocher** - sich nähern
13 **la ferraille** - das Alteisen, der Schrott
14 **grincer** - quietschen

Soudain le bruit s'arrête. Plus rien. Le bébé s'arrête de pleurer aussi.

Alors le petit s'endort.

Au petit jour, c'est Bérangère qui le réveille. Elle lui **lèche**[15] le visage avec sa grosse langue... beurk! Le petit a une grande couverture sur lui. Il ne l'avait pas hier soir, ça doit être le vieux qui...

Mais il est où, le vieux ?

À côté du petit, il y a un **panier** aussi, avec un **torchon**[16] dessus.

Dans le panier il y a une magnifique **Fourme d'Ambert** et un **Salers**.

Il y a aussi une grosse **miche** de pain... Ça doit être le vieux.

Le vieux, il n'est plus là.
Parti, pendant la nuit
dans la **carriole**[17]
avec le bébé

... et la maman du bébé.

En-dessous des fromages et du pain, il y a un petit mot.
C'est sûrement le vieux, encore lui !

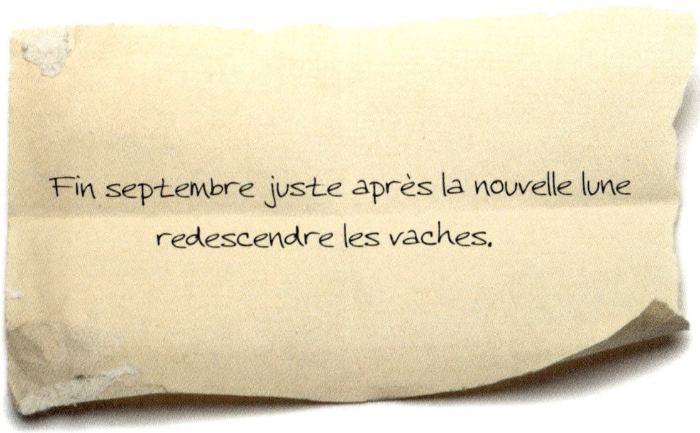

Fin septembre juste après la nouvelle lune
redescendre les vaches.

15 **lécher -** lecken, ablecken
16 **le torchon -** das Trockentuch
17 **la carriole -** der Karren, der Pferdeschlitten

14 LE CHALAND DE LA COLLANCELLE

De Saint-Nazaire à La Collancelle, c'est que ça monte ! Le moteur de l'Atalante n'est plus tout jeune, **ça ne** va **pas être de la tarte**[1] ! C'est à un long voyage que Michel et Hector se préparent...

Michel est **charpentier**, charpentier de marine. Il a 62 ans. Son vieux copain Hector l'accompagne, leur voyage va durer une semaine.

Leur amitié c'est une longue histoire ! Une histoire de **charpentes**[2]...

Hector aussi, les charpentes il les connaît... Il était **chaudronnier** à la Fonderie de Fourchambault, près de Nevers... Toute sa vie à construire des ponts et des charpentes en fer...

Il ne travaille plus depuis vingt ans. La fabrique n'existe plus d'ailleurs depuis bien longtemps. Fourchambault, toutes ces heures à mourir de chaud à côté d'une **forge**, c'est du passé. Tout ça est loin et bien fini.

À 78 ans, Hector continue d'y penser... souvent. Mais maintenant il s'intéresse à d'autres charpentes. Fini le fer, depuis qu'il connaît Michel, c'est le bois qu'il apprend à travailler. Et c'est encore des charpentes qu'il fabrique. Des charpentes de voilier et autres **coques**[3] pour aller sur l'eau...

Michel lui apprend le métier depuis qu'il le connaît. Hector est un passionné... Cela fait des années qu'il ne pense plus qu'à ses coques. À La Collancelle, où il vit avec sa femme, il a son **atelier**[4]. Il répare toutes sortes de bateaux, des **péniches** bien sûr, mais aussi des yachts. Ici tout le monde le connaît, tout ce qui **flotte** sur le canal du Nivernais passe dans l'atelier d'Hector !

1 **ça n'est pas de la tarte ! –** das ist nicht einfach!
2 **la charpente –** das Balkenwerk
3 **la coque –** der Rumpf
4 **l'atelier** (m.) **–** die Werkstatt

Hector ne répare pas seulement, il dessine et fabrique des bateaux pour tous ses amis. Et en secret quand il a fini ses chantiers pour les autres, il travaille sur les plans de son propre bateau. Avec Michel il peut fabriquer n'importe quoi. Quand son atelier est trop petit, il envoie les pièces à Saint-Nazaire et c'est Michel qui les assemble. Ils sont un vrai **chantier naval**[5] à eux tout seuls !

Michel aussi est du genre passionné…

Lui c'est depuis toujours qu'il dessine et fabrique des bateaux. Mais ce n'est pas ça sa vraie passion… comme ce n'est pas non plus la vraie passion d'Hector… Leur grand amour à tous les deux, ce n'est pas le bateau… ce ne sont pas les coques ni les charpentes, ce ne sont pas les ponts en fer ni les constructions en bois, c'est la Loire ! Ah la Loire ! … Quelle beauté !

Tous les deux ont un rêve…, pas tout à fait le même rêve, mais presque… En fait ils ont deux rêves qui se répondent, deux rêves symétriques : et ce sont ces rêves qui les lient depuis tant d'années. La voilà l'histoire de leur amitié : Hector rêve de descendre la Loire jusque chez Michel ! Michel de la remonter jusque chez Hector. Chacun veut **faire la surprise**[6] à l'autre.

C'est Michel qui est prêt le premier. Aujourd'hui il ne va pas travailler, ça y est ! C'est le premier jour de sa **retraite**[7]. Il va quitter Saint-Nazaire et le chantier naval où il travaille depuis quarante ans. Il va quitter aussi l'**estuaire**[8]. L'estuaire majestueux… l'Estuaire avec un grand E. Depuis trois ans il prépare son **embarcation**[9]… C'est un secret, même Hector n'est pas au courant !

Ce matin, Michel prend son téléphone et appelle Hector : il l'attend le lendemain !
Trente pages de plans et de calculs... un travail colossal. Il vient de finir de restaurer un vieux chaland, le bateau **à fond plat**[10] typique de la région.
Le lendemain est un grand jour : Michel va mettre son chaland à l'eau ! Hector arrive au train de 15h31.
Tout est prêt : les **cannes à pêche**, les harmonicas, les **cubis**[11] de rouge...

Jusqu'à Orléans, le vent de la mer aide bien Michel et Hector... Mais **c'est une autre paire de manches**[12] d'arriver à Decize !

Les paysages sont **à couper le souffle**[13]... Les bancs de sable, les îlots, et cette lumière incroyable ! Par ici, si l'on ne veut pas finir au fond, il faut vraiment bien connaître le fleuve.

Puis on entre sur le canal... direction plein Nord à travers le Morvan ! Le canal du Nivernais, Hector connaît bien. Il connaît l'histoire de chaque **écluse**[14], de chaque pont, de chaque tunnel... Il connaît aussi beaucoup de monde ! Au bord du canal, dans chaque maison, Hector a un ami...

5 **le chantier naval** - die Werft
6 **faire la surprise à qn.** - jdn. überraschen
7 **la retraite** - der Ruhestand
8 **l'estuaire** (m.) - die Mündung
9 **l'embarcation** (f.) - das Boot
10 **à fond plat** - mit flachem Boden
11 **le cubi** - der Kubitainer
12 **c'est une autre paire de manches** - das ist eine andere Geschichte
13 **à couper le souffle** - atemberaubend
14 **l'écluse** (f.) - die Schleuse

La fin du voyage s'annonce très joyeuse. Le chaland est de plus en plus chargé ! Dans chaque village, de nouvelles personnes montent à bord de l'Atalante. Après la Loire en solitaires, voilà le Morvan en famille ! Avec tous les amis d'Hector...

À La Collancelle, ce sont tous les amis de Michel qui attendent l'Atalante : ils arrivent tout juste de Nantes.

Der **Canal du Nivernais** ist ein Schifffahrtskanal, der eine Verbindung zwischen der **Seine** und der **Loire** herstellt. Während früher viel gewerbliche Schifffahrt auf dem Kanal stattfand, wird er heutzutage meistens von Haus- und Sportbooten befahren.

La fête a lieu sur le chaland. Une fête qui va durer jusqu'au petit matin.
Sur un grand feu on grille des **lamproies** pêchés dans l'estuaire, de **l'anguille** et de la **civelle** ! Toute la nuit l'on danse, l'on chante et l'on rit au son des harmonicas.

15 LES OUBLIÉS DE L'AIGUILLE DU MIDI

Patrick est **guide** de haute montagne. Il habite Chamonix, un grand appartement qui donne sur les pistes.

Le soir quand tout le monde dort dans la ville, Patrick met sa **combinaison** et part dans la montagne avec ses **raquettes**. Cette nuit il neige et on ne voit pas à vingt mètres. Mais Patrick est habitué, il aime ça même.

Ce qu'il aime, c'est se sentir seul dans la montagne. Et ici, il n'y a presque que la nuit qu'il peut se sentir seul. Chamonix attire les alpinistes du monde entier, ce n'est pas vraiment un village perdu dans une petite vallée...

La nuit, Patrick retrouve sa montagne, la montagne de son enfance, celle qu'il connaît **par cœur**[1] ! Il peut enfin se retrouver... Là-haut, à cette heure-là, c'est bien lui : le vrai Patrick ! Pas le Patrick qui fait le **mariole**[2] sur des rochers avec des groupes de **fadas sportifs**, pas le Patrick en **combi fluo**[3] qui doit faire croire qu'il est sûr de lui ! Non, la nuit quand il sort et se dirige vers l'Aiguille du Midi, Patrick est juste un homme sur des raquettes en dessous des étoiles.

Cette nuit le froid fait mal, ça aussi Patrick aime.

1 **par cœur** – auswendig
2 **le mariole** – der Schaumeier
3 **la combi fluo (kurz für: combinaison fluorescente)** – der fluoreszierende Berganzug

der Sportverrückte

le fada sportif
(umg.)

das Fernglas

jumelles (im Franz.: immer Pl.)

Cela fait trois jours qu'il croit voir des **ombres**[4] dans une des cabines du **téléphérique**. Des ombres qui bougent. Il n'est pas très sûr mais quand même **ça le turlupine**[5]. C'est pour ça aussi qu'il vient là tous les soirs.

Cette nuit, il a ses **jumelles** avec lui et il va pouvoir observer plus longuement...

Le téléphérique de l'Aiguille du Midi, on vient de loin pour le voir. Vous êtes déjà monté ?

Mais est-ce que c'est tous les soirs dans la même cabine qu'il y a des ombres qui bougent ? Et au fait, qu'est-ce qu'elle fait là cette cabine ? La nuit il n'y a pas de cabine sur le téléphérique ! Qui l'a fait monter là cette cabine ?
Patrick les connaît toutes, les cabines, et il peut les reconnaître sans se tromper même dans le brouillard ! Ce soir la cabine **clandestine**[6] est juste quelques mètres avant le piton nord de

la face nord
die Nordwand

abrupt(e)
steil

rocheux(euse)
felsig

l'Aiguille du Midi... à 3800 m d'altitude ! Beaucoup trop loin pour faire l'aller-retour avant que le soleil ne se lève.

Die **Aiguille du Midi** auf rund 3800 Metern Höhe kann mit einer Seilbahn erreicht werden und ist ein beliebter Aussichtspunkt im Mont Blanc-Massiv.

Dans ses jumelles Patrick a l'impression que la cabine bouge. Et pourtant il n'y a pas un souffle de vent. Il reste une heure immobile à l'observer. Il se demande si ce qu'il voit n'est pas juste l'effet de la fatigue.

le téléphérique

die Seilbahn

Vous avez déjà **fixé**[7] une cabine de téléphérique **au clair de lune**[8] dans la neige à -15°C ? Et bien, voyez-vous, ça hypnotise un peu.

Heureusement demain est un autre jour ! Et en plus c'est la pleine lune...

Cette fois, par chance Patrick peut se placer juste en dessous de la cabine sans se mettre en danger. Et là, tenez-

la cabine

die Kabine

à une hauteur vertigineuse

in schwindelnder Höhe

le panorama

das Panorama

4 **l'ombre** (f.) – der Schatten
5 **ça le turlupine** (umg.) – es lässt ihm keine Ruhe
6 **clandestin(e)** – hier: mysteriös
7 **fixer** – anstarren
8 **au clair de lune** – im Mondschein

vous bien, non seulement il peut voir que la cabine bouge effectivement..., il peut voir aussi que les ombres à l'intérieur bougent aussi. Ça, il en est vraiment sûr maintenant ! Car il n'y a pas un nuage, pas de vent non plus, **rien de rien**[9] pour faire danser des ombres dans une cabine de téléphérique. Et des ombres de quoi, **d'ailleurs**[10] ? Mais le plus **dingue**[11] c'est que là où il se trouve, Patrick entend de la musique ! De la musique qui semble venir de l'intérieur de la cabine.

Il y a une fête dans la cabine 12 du téléphérique de l'Aiguille du Midi ! C'est même la fête toutes les nuits !

Patrick rentre se coucher.

Le lendemain est un jour vraiment fatigant pour lui. Le groupe qu'il doit accompagner n'est pas facile. Il doit descendre la Vallée Blanche et la **météo**[12] n'est pas idéale. Patrick pense à sa sortie de nuit sous le téléphérique. Il ne croit pas aux **fantômes**[13]... c'est sûr.

Enfin, ...presque sûr !

Avant de rentrer chez lui, il fait un **détour**[14] par la gare de départ du téléphérique où le **gardien**[15] se prépare pour la nuit. Il connaît bien Bruno, il va lui parler de cette histoire de musique...
Bruno a les jambes allongées sur le tableau de contrôle et il mange des chips : il écoute Fip, son programme radio préféré !
Patrick comprend tout de suite : il n'a pas coupé les **hauts-parleurs**[16] des cabines, c'est la radio de Bruno qu'on entend là-haut pendant la nuit !

Mais ça ne lui dit pas pourquoi chaque nuit il reste une cabine ici...
Patrick ne parle pas à Bruno de la cabine. Bruno doit bien savoir qu'elle se balance toute seule là-haut pendant la nuit... Ou alors à quoi il sert Bruno ? Cette histoire n'est pas claire, vous voyez bien... Il cache quelque chose, Bruno.

Cette nuit, Patrick veut comprendre d'où viennent les ombres... et comment elles rentrent dans les cabines.
C'est une nuit très claire.
Il est minuit quand, avec ses jumelles, Patrick aperçoit quelqu'un au sommet du premier **pylône**[17]. Au moment où il rentre dans la cabine par le toit, il le reconnaît : c'est Jacques B., **disparu**[18] en 1834 dans le Massif du Mont-Blanc ! Une barbe **pareille**[19], ça ne s'oublie pas ! Et il n'est pas tout seul, houlala ! C'est juste incroyable... Patrick ne reconnaît pas les autres, il ne réussit pas à les compter, ils sont trop nombreux... mais il **n'a aucun doute**[20] : ce sont les disparus du Mont-Blanc qui viennent écouter Fip la nuit dans la cabine 12 du téléphérique !

9 **rien de rien** - absolut nichts
10 **d'ailleurs** - im Übrigen
11 **dingue** (umg.) - verrückt
12 **la météo** - die Wettervorhersage
13 **le fantôme** - das Gespenst
14 **le détour** - der Umweg
15 **le gardien** - der Wächter
16 **le haut-parleur** - der Lautsprecher
17 **le pylône** - der Mast
18 **disparu** - verschollen
19 **pareil (le)** - solcher, solche, solches
20 **n'avoir aucun doute** - keinen Zweifel haben

Das Mont Blanc-Massiv …

… ist eine Gebirgsgruppe der Alpen, die zwischen Frankreich, Italien und der Schweiz liegt.

l'air en altitude

die Höhenluft

Zum ersten Mal bestiegen wurde der **Mont Blanc** durch **Jacques Balmat** und **Michel-Gabriel Paccard** im 18. Jh.

le nuage

die Wolke

l'alpiniste (m./f.)

der/die Bergsteiger(in)

Heute gehört der alpine Bergsport zu einem der wichtigsten Wirtschaftsfaktoren der Region.

alpin(e)

alpin

le sommet

der Gipfel

Hier liegt auch der höchste Berg der Alpen, der Mont Blanc mit 4810 m.

das Gebirge

les montagnes
(im Franz. immer Pl.)

die Steilwand

la paroi à pic

l'equipement (m.)

die Ausrüstung

In der Hochsaison versuchen über **20.000** Menschen den Gipfel zu erreichen. Manchmal fast **500** am Tag.

16 UN CORSICA COLA S'IL VOUS PLAÎT, POUR OUBLIER...

Pour arriver à la maison, enfin à ce qu'il en reste, il faut quitter la route. Au bout d'un chemin, dans une petite forêt de **châtaigniers**, il y avait la maison. Elle était là toute seule : la maison du **cul de sac** ! C'était son nom ! Pas de rue. Pas de numéro. Elle n'avait pas d'adresse, elle n'était pas sur la carte. Et pourtant elle n'était pas d'hier ! C'était la maison de notre enfance, la maison de la famille depuis 1750 et même avant... Une maison où nous avions tous nos souvenirs.

Le village le plus proche est à 6 kilomètres, c'est Poggio d'Oletta. Quelques maisons **accrochées**[1] sur le **flanc**[2] de la montagne.

- On va voir la mer ?
- Si on monte sur le **tas**[3], je pense, oui.
- Quel tas ?
- Je veux dire, ce qu'il reste de la maison...
- Ah sur les pierres ... On va monter sur le tas de pierres !
- C'est vraiment triste, cette histoire...
- Pourquoi ils font ça...
- Je ne sais pas.

Avant d'arriver au cul de sac, on traverse un **hameau**[4] **abandonné**[5], comme il y en a beaucoup en Corse. Des maisons en ruine, depuis des années... Abandonnées, **effondrées**[6].

Mais notre maison, elle était encore debout l'hiver dernier. Maintenant ils viennent boire des bières là-haut, ils montent en **mobylette** le samedi soir, c'est romantique peut-être. Moi, je ne trouve pas. Vraiment pas du tout.

- Dis, Maman, tu crois qu'ils ne nous aiment pas ?
- Je crois que ce n'est pas ça, Pierrot.
- Mais alors tu sais, toi, pourquoi ils **plastiquent**[7] les maisons ?
- Non je ne sais pas.
- Et à qui je peux demander ? Il y a quelqu'un qui sait ?

Non, personne ne sait... Personne ne voit, personne n'entend rien.

- Maman, est-ce que c'est ça l'o-mertà ?
- l'Omer quoi ?

Oui, ça doit être ça.

- Alors moi je dis, on va se baigner !

1 **accroché(e)** - angehängt
2 **le flanc** - die Seite
3 **le tas** - der Haufen
4 **le hameau** - der Weiler
5 **abandonné(e)** - verlassen
6 **effondré(e)** - eingestürzt
7 **plastiquer** - mit einer Plastikbombe in die Luft sprengen

Die Küste zwischen **Saint-Florent** und dem **Plage d'Ostriconi** wird als **Agriatenwüste** bezeichnet. Man kann sie nur zu Fuß, dem Mountainbike oder einem Geländewagen erreichen.

- On va aller se baigner, super idée !
- Oui on va arrêter de pleurer…
- On va d'abord ramasser les pierres et on va faire des jolis murs. Après, on va aller se baigner.

L'eau est **délicieuse**[8] en septembre ! Et la plage de Saleccia est une des plus belles plages de sable de l'île. La mer est bleu turquoise, c'est vraiment trop beau ! Pour y aller, il faut trouver un bateau car on ne peut pas facilement y arriver à pied. Il faut marcher presque 6 heures depuis Saint-Florent ! Ici c'est le **désert des Agriates** !

Il n'y a pas de routes, il y a juste quelques pistes… Et une dune avec de magnifiques **pins** ! L'endroit est absolument unique.

Après la baignade, mon frère et moi proposons de rentrer à Saint-Florent à pied. Maman est d'accord. Nous voulons voir

traditionelle Steinhäuser auf Korsika

si les **pagliaghji** entre Saleccia et Lotu sont toujours debout. Il en reste quelques uns dans la région. Quand on était petits, c'était ça notre terrain de jeu !

Et bien, oui, ils sont toujours debout, eux…

Maintenant on va aller au café. On a bien chaud, on est bien fatigués… Mais ce n'est pas si simple, c'est que **ça ne court pas les rues**[9], les cafés, dans ce désert !

8 **délicieux(se)** – hier: angenehm
9 **ça ne court pas les rues** – das findet man nicht oft
10 **déshydraté(e)** – am Verdursten
11 **l'habitué** – der Stammgast
12 **crado** (umg.) – schmutzig
13 **le Corsica Cola** – korsisches Getränk

Plus que 5 heures de marche…

Quand nous arrivons à **Saint-Florent**, nous sommes déjà un peu **déshydratés**[10]. Même un peu beaucoup !

Nous nous arrêtons dans le premier café, un vieux bistrot d'**habitués**[11], un peu **crado**[12]. Il est comme il y a cinquante ans, c'est fascinant – Là c'est Maman qui parle.
- Un **Corsica Cola**[13], s'il vous plaît ! … pour oublier
- Moi aussi, s'il vous plaît !
- Et … oui, un pour moi aussi…
- Trè Corsica Cola Jean-Michel pè la ghjuventù !

Kleine Gemeinde im Nordwesten der Insel Korsika, die oft auch als das **Saint-Tropez** Korsikas bezeichnet wird.

17 REINE DES GALETTES

Pas facile de vivre seule ! Personne pour vous dire bonjour le matin, bon appétit le midi ou bonne nuit le soir. Personne à qui le dire. Personne pour vous aider dans les petits **défis**[1] de la vie : par exemple fermer sa maison quand on part pour quelques jours et ne rien oublier. Madame Liliane Duruy, boulangère à la retraite, a une liste de choses à faire :

- **couper l'eau**[2],
- fermer les fenêtres,
- **arroser** les fleurs,

gießen

- fermer la petite porte du jardin,
- ne pas oublier la clé de la maison

Elle est drôle, la fin de cette liste ? Non, parce que si vous oubliez la clé dans la maison et que vous **claquez**[3] la porte, vous faites comment ? Heureusement Liliane a une voisine qui a un **double**[4] de sa clé. En cas de problème, elle peut aller la voir.

Non, ce n'est pas facile d'être seule, de penser à tout. Penser aux choses importantes, simples, pratiques. Et ne pas penser aux choses tristes, comme à la mort de son mari il y a cinq ans. Ça, Liliane ne peut pas l'oublier, non. Mais c'est une autre histoire...

Cette année comme chaque année, Liliane est invitée chez son fils à Dinan pour fêter **l'Épiphanie**[5]. Elle fait elle-même la galette, ça lui rappelle son ancien métier. Le dimanche matin, elle prépare ses bagages, une petite valise légère, pour rester dormir une nuit. Elle doit bien relire sa liste de choses à faire et surtout... surtout elle ne doit pas oublier la clé comme la dernière fois. Heureusement que la voisine était là ! Liliane est bien **tête en l'air**[6] en ce moment.

Allez, en voiture ! Entre Ploubalay où elle habite et Dinan, il n'y a que vingt minutes de route. On est tout début janvier, il fait un peu froid et gris. Courage !
Dans la voiture Liliane écoute France Bleu Armorique, une émission sur... la **galette des rois**, c'est d'actualité ! Le journaliste parle des traditions, de la **fève**, de la **couronne**.

Die **galette des rois** wird traditionell am 6. Januar gegessen. Sie besteht aus Blätterteig und ist mit einer Creme aus Eiern, Zucker, Butter und Mandeln gefüllt. Darin versteckt ist immer die fève.

1 **le défi** - die Herausforderung
2 **couper l'eau** - das Wasser abdrehen
3 **claquer (la porte)** - die Tür zuknallen
4 **le double (de clé)** - der Zweitschlüssel
5 **l'Épiphanie** (f.) - Dreikönigstag
6 **être tête en l'air** - zerstreut sein

« Zut, la couronne ! », pense-t-elle. Heureusement qu'elle a son portable. Elle s'arrête et appelle son fils :

- Allô ? Je suis désolée, je vais avoir un peu de retard, et surtout il y a une chose : il manque la couronne pour la galette. J'oublie tout en ce moment ! Mais j'ai une idée : les enfants peuvent en faire une eux-mêmes ? Merci !

Liliane arrive à Dinan vers midi. Son fils a bien de la chance : avec sa femme et leurs trois enfants Pauline, Jules et Martin, il habite un bel appartement au troisième étage d'une vieille maison dans le centre **médiéval** – avec ascenseur, s'il vous plaît !

- Bonjour tout le monde ! Bonne année, bonne santé ! Alors, c'est le jour de la galette, vous êtes contents, les enfants ? Mais non, Jules, qu'est-ce qui ne va pas, mon grand ?

Jules, le premier des garçons, en a assez. Chaque année c'est la même chose, c'est son petit frère Martin qui est le roi et c'est **injuste**[7]. Il explique :

- Comme c'est le plus jeune, c'est toujours lui qui va sous la table et qui dit pour qui est chaque part. Mais moi, je le sais, nos parents **trichent**[8] : ils lui donnent toujours la part avec la fève. Moi je ne l'ai jamais, j'en ai marre !

On passe à table. Bon appétit, tout le monde ! On prend le dessert avec le café. Pauline, la grande sœur, apporte la belle galette de sa grand-mère, les garçons apportent deux couronnes, une pour le roi et une pour la reine. On coupe la galette en six parts et comme chaque année, c'est Martin qui va sous la table. Tout le monde sourit, sauf Jules...

- Bravo Mamie, ta galette est un **régal**[9] ! Comment tu fais ?
- Merci, c'est tout simple !
- Et qui a la fève ? C'est toi, Jules qui as la fève ?
- Non, et toi Pauline ?
- Non, et toi Martin ? Papa ? Maman ? Mamie ?
- Mamie, il n'y avait pas de fève dans ta galette, c'est la **cata**[10] ! Qu'est-ce qu'on va faire ? On ne va quand même pas attendre l'année prochaine pour les rois ?
- Excusez-moi, mes enfants. Je fais pourtant attention de ne rien oublier !

Liliane est désolée : la couronne et la fève aujourd'hui, sa clé la dernière fois, ça fait beaucoup...

Mais il faut faire vite. Y a-t-il encore une boulangerie ouverte ? Le dimanche à quatorze heures, les magasins sont fermés, les enfants ont peur de ne rien trouver. Dans les vieilles rues

7 **injuste** - ungerecht
8 **tricher** - betrügen
9 **le régal** - der Genuss
10 **la cata(strophe)** (umg.) - die Katastrophe

de Dinan, **c'est le désert**, tout le monde reste au chaud. Rien d'ouvert ! On tourne rue du Jerzual, celle qui descend **à pic** jusqu'au port. C'est une rue magnifique, très ancienne et très **étroite**. Attention de ne pas tomber !

Alles ist wie ausgestorben!

steil

eng

Quelle chance, une boulangerie est encore ouverte tout en bas de la rue, presque sur le port. La boulangère leur montre différents gâteaux :

– Vous ne voulez pas une spécialité, un **far breton** ou un **kouign amann** ? Non ? Alors, voilà une galette, vous avez de la chance, c'est la dernière. Et bonne année !

Pour revenir à l'appartement, c'est plus difficile, ça monte ! Liliane ne marche pas vite, elle a l'air **perdue dans ses pensées**[11]. Les autres n'y font pas attention, ils sont si heureux avec la galette. On va la manger pour le goûter !

Une fois dans l'appartement, on coupe la nouvelle galette en six. Martin va sous la table, chacun espère avoir la fève. Martin va-t-il être le roi comme l'an dernier ? Ou Pauline la reine ? Non, c'est Jules qui a la fève, ses parents ne trichent donc pas ! La fève est une jolie petite maison avec de la neige sur le toit.

Le roi doit choisir sa reine… Jules pose la deuxième couronne sur la tête de sa grand-mère. Mais pourquoi a-t-elle cet air triste ? Elle le remercie avec un petit sourire et **avoue**[12] :

– J'oublie tellement de choses en ce moment, j'ai peur d'avoir la maladie d'Alzheimer… Ne riez pas, c'est très **angoissant**[13] ! Vous n'allez pas me mettre dans une **maison de retraite**[14], j'espère…

– Mais non, Mamie, ne t'inquiète pas, on a tous le droit d'oublier des choses. Et puis tu sais, ta galette, elle était meilleure que celle de la boulangerie. C'est toi la reine, la reine des galettes !

Wer auf Diät ist sollte sich von dieser bretonischen Spezialität fernhalten. Je 200 gr Butter & Zucker werden mit Blätterteig zu einem dicken Fladen gebacken. Der seltsam anmutende Name bedeutet nichts anderes als Butterkuchen und setzt sich aus den bretonischen Wörtern **kouign** (Kuchen) und **amann** (Butter) zusammen.

Ein **far breton** ist ein typischer bretonischer puddingartiger Kuchen mit Backpflaumen. Man kann ihn in der Bretagne in fast jeder Bäckerei kaufen.

11 **perdu dans ses pensées** – in Gedanken verloren
12 **avouer** – gestehen
13 **angoissant(e)** – beängstigend
14 **la maison de retraite** – das Altenheim

18 LA VIE EN ROSE

Paris, **place des Vosges**, un dimanche matin un peu gris et **morose**[1] du mois de mars. Peu de promeneurs sous les **arcades** blanches et rouges. Un couple sort de la maison de Victor Hugo :

- Alors, cette visite ? C'est original non, ce décor chinois tout en noir dans le salon ? Et puis ces meubles transformés par Hugo, quelle surprise, n'est-ce pas ?
- Oui, c'est nouveau pour moi... En fait il n'était pas simplement un grand écrivain et un grand poète, il était aussi dessinateur et décorateur ; quel homme moderne !
- Tu as raison ! Avec des idées : ce bureau **surélevé**[2] pour pouvoir écrire debout...
- On voit qu'il était petit, ton grand homme...
- Les gens étaient tous plus petits avant !

Ilona et Günter marchent sous les arcades, le ciel gris ne les dérange pas. Et puis le rouge de la **brique** et le blanc de la pierre, quelle élégance ! La maison de Victor Hugo, ils vont la voir plus tard. Ils arrivent de Cologne et ce matin ils veulent juste marcher dans les rues et sentir l'**atmosphère**[3] de ce célèbre quartier du Marais.

Soudain, une voix se fait entendre. Un chant **angélique**[4]... Mystère : est-ce une voix d'homme ou de femme ?

- Erba---rme dich, erba---rme dich mein Gott!

- Günter, que c'est beau, cette voix est magique ! Allons voir d'où elle vient. Et cette musique, tu la connais ?
- Oui, c'est en allemand, on dirait un air de Bach...
- Tu as raison. Peut-être un air de la Matthäus-Passion ? Là, Ilona, je crois que la voix vient de derrière ce **pilier** !

Le couple avance vers l'endroit d'où ils entendent la voix. Avec **prudence**[5] : il ne faut pas déranger ! Mais soudain la musique s'arrête, la personne ne chante plus. Ilona et Günter ne savent plus où aller... Puis le chant recommence. C'est par là, sous l'arcade suivante !

Derrière le pilier, sous l'arcade, un homme est là, sa silhouette mystérieuse **enroulée**[6] dans une grande **cape**[7] noire – silhouette noire dans cette place en rouge et blanc. L'homme voit le couple de touristes et continue de chanter. Maintenant il chante pour eux :
- Erba---rme dich, erba---rme dich mein Gott !

Ilona et Günter écoutent la fin de l'air avec beaucoup d'émotion. C'est magique ! Quand la musique s'arrête, il y a quelques instants de silence où le temps s'arrête Place des Vosges. - Bravo ! Merci, c'est tellement beau...
L'homme salue et leur sourit.
- Excusez-moi, votre air, c'était du Bach ?

1 **morose -** schlecht, trüb
2 **surélevé(e) -** erhöht
3 **l'atmosphère** (f.) **-** die Stimmung
4 **angélique -** engelhaft
5 **la prudence -** die Vorsicht
6 **enroulé(e) -** eingerollt
7 **la cape -** der Umhang

- Oui, tout à fait, un air d'alto de la Passion selon Saint-Matthieu. Et j'entends que vous êtes étrangers : vous ne dites pas « Bac » comme nous en France...
- Vous avez raison, nous venons d'Allemagne, de Cologne. Et nous aimons beaucoup la musique ! Mais excusez-nous, nous pouvons vous poser une petite question ?
- Bien sûr.

Le chant de tout à l'heure était angélique, et maintenant l'homme parle avec une autre voix ... une voix d'homme ! Ces deux voix, ce sont comme deux personnalités, Ilona et Gunter sont très **intrigués**[8] .

- Quand vous parlez, vous avez une voix... normale ! Et quand vous chantez votre voix est tellement différente... Pourquoi ?
- Je **chante** avec ma voix de tête, **en fausset**[9] . C'est un peu comme ma voix d'enfant, si vous voulez ! Les gens sont toujours surpris. En tous cas, à l'époque de Bach, c'était comme ça !

Das **Hôtel de Sully** ist ein sogenanntes **hôtel particulier**, ein repräsentatives Stadthaus, das seinerzeit von den Herzogen von Sully bewohnt wurde.

Der Innenhof des Gebäudes ist ein verstecktes Kleinod in Paris. Mitten im geschäftigen Treiben der Stadt findet sich hier eine Oase der Ruhe. Es befindet sich in der **62 rue Saint-Antoine.**

L'homme a un grand sourire, il a l'air **passionné**[10] . Ilona et Günter lui proposent de prendre un café avec eux. Où il veut !

- Merci ! Le Marais, c'est mon quartier. Cela ne vous dérange pas de marcher un peu ?
- Au contraire !

Sous les arcades, il y a plus de monde maintenant. Malgré le temps gris, les Parisiens et les touristes sont assis aux terrasses des cafés, encore **emmitouflés**[11] dans leurs vêtements d'hiver.

Avec le chanteur à la cape noire, Ilona et Günter font le tour de la place jusqu'à une petite porte. Surprise : un passage secret arrive directement dans les jardins à la française de l'Hôtel de Sully. Quelle beauté !

8 **intrigué(e) -** erstaunt
9 **chanter en fausset -** im Falsett singen
10 **passionné(e) -** vertieft
11 **emmitouflé(e) -** eingemummt

Puis ils continuent la promenade dans les rues du Marais.

Là, les **hôtels particuliers** racontent une histoire vieille de plusieurs siècles, avec leurs fenêtres si hautes et leurs grandes portes un voyage dans le temps.

Soudain, ils arrivent sur une petite place carrée. Quelques arbres au centre avec quelques bancs, des restaurants autour… Voilà où ils vont prendre leur café !

- Quel joli endroit ! Où sommes-nous ?
- Vous aimez ? Tant mieux ! C'est la Place du Marché Sainte-Catherine. Elle n'est pas aussi célèbre que la Place des Vosges, mais je la préfère, elle est plus **intime**[12]...

Au mois de mars, il ne fait pas très chaud. Ils rentrent dans un café. Le chanteur s'assoit en face d'Ilona et de Günter, il a l'air fatigué... sa cape aussi. Chanter dans la rue, cela ne doit pas être facile tous les jours, pensent Ilona et Günter.

L'homme à la cape se sent en **confiance**[13], il explique :
- Non, ce n'est pas toujours facile ! Je chante Place des Vosges parce que l'acoustique est très bonne. Sous les arcades, c'est comme dans les couloirs du métro : c'est notre cathédrale de Paris, à nous les musiciens de la rue ! Mais ce n'est pas vraiment un **choix**[14], la bohème. Ce n'est pas toujours la vie en rose !

l'hôtel particulier

das Stadthaus (der wohlhabenden Bevölkerungsschichten im 17. und 18. Jh.)

12 **intime** - privat
13 **la confiance** - das Vertrauen
14 **le choix** - die Wahl

Le Marais ...

... zu Deutsch der **Sumpf**, ist ein Pariser Stadtteil, der im 3. und 4. Arrondissement liegt.

Das Viertel gehört zu den charmantesten der Stadt. Hier finden sich charakteristische, teils krumme und schiefe Häuser der Handwerker, die früher hier lebten, neben eleganten Stadtpalästen der wohlhabenden Bürger.

Im **Marais** fand und findet auch heute noch das **jüdische** Leben der Stadt statt. Der Großteil der jüdischen Bevölkerung Frankreichs lebt hier. Viele Lebensmittelgeschäfte und Restaurants geben dem Viertel sein unverwechselbares Flair.

Paris ist in **20 arrondissements** (Bezirke) gegliedert, die wiederum aus je **4 quartiers** (Viertel) bestehen. Die Zählung der Arrondissements beginnt am Louvre-Museum und erfolgt im Uhrzeigersinn und spiralförmig von innen nach außen.

Das Marais ist Treffpunkt von Künstlern, Intellektuellen und allen, denen die Lebensart mit den vielen kleinen individuellen Geschäften, Cafes, den pittoresken Straßen und Plätzen gefällt. Sollten Sie einmal hier sein, lassen Sie sich einfach treiben, genießen Sie einen kleinen Aperitif und die besondere Atmosphäre.

19 LES VOYOUS[1] DE LA CALANQUE

Ils sont quatre frères et trois cousins. Ils habitent avec leur grand-père. Une maison en **parpaings**[2] avec un toit en **tôle**[3].

La maison est au pied de la falaise. **Zone non constructible**[4]. Mais personne ne passe jamais ici... Pour y arriver, il n'y a pas de route, même pas un chemin. Après le Port de la Madrague, ce sont les calanques qui commencent. La ville est toute proche et pourtant elle semble si loin ! À Pointe-Rouge déjà il n'y a plus d'immeubles, seulement des maisons basses. Ici, c'est le bout de Marseille !

La maison est trop petite, alors ils sont là **à tour de rôle**[5]... Ils dorment à tour de rôle, ils mangent à tour de rôle, ils font tout à tour de rôle, en fait... Ils vivent à tour de rôle. C'est le grand-père qui dirige tout ça, une grande affaire !

Le grand-père il est de Palerme. Il est à Marseille depuis 1951 et depuis on l'appelle Le Papet. Ce n'est pas un intellectuel mais pour faire ce qu'il fait ce n'est pas un problème. Il connaît bien son métier !

Les quatre frères, ils ont tous des surnoms **à coucher dehors**[6]. Mais voilà, ils s'appellent comme ça entre eux. Ils n'aiment pas toujours leur surnom, mais c'est comme ça. Ce n'est pas eux qui choisissent : il faut faire avec.

Le plus jeune c'est Le Minot. Il est tout petit et il court très vite, c'est lui qui prévient les autres quand il sent qu'il y a un danger. Quand il sent que les **flics**[7] ne sont pas loin par exemple... C'est lui qui porte les messages du Papet. Il a toujours un paquet ou une enveloppe à livrer dans les beaux quartiers.

Après il y a Bicou... Bicou c'est celui qui vend les merguez sur la plage de Pointe-Rouge. Il a toujours l'air de sortir de son lit et il est tout rouge : c'est une vraie **dormiasse**[8]. Quand il n'est pas sur la plage il vend des cigarettes et des téléphones sur la Canebière. Bicou, il en fait le moins possible, il a peur de se fatiguer.

Le troisième c'est Jo les gros bras, celui qui tourne avec son scooter entre les **HLM**... Il croit qu'on ne le reconnaît pas avec ses lunettes de soleil. Lui, il **surveille**[9] les autres, c'est ça son job.

1 **le voyou** – der Ganove
2 **le parpaing** – der Leichtbaustein
3 **la tôle** – das Wellblech
4 **la zone non constructible** – die nicht bebaubare Zone
5 **à tour de rôle** – nach einander, im Wechsel
6 **à coucher dehors** (umg.) – hier: unaussprechbar
7 **les flics** (m.) (umg.) – die Bullen
8 **la dormiasse** (umg.) – die Schlafmütze
9 **surveiller** – überwachen

le HLM (habitation à loyer modéré) – die Sozialwohnung

Il ne surveille pas ses frères ni ses cousins, il surveille ceux de la Madrague et ceux de Pointe-Rouge, ceux de Montredon et de Bonneveine... Ceux qui dealent, celles qui **font le tapin**[10].

Un jour il va **se faire descendre**[11]... Le Jo, **il n'a pas inventé l'eau tiède**[12].

Et le dernier, c'est Tony l'**anguille**[13], c'est celui qui va chez sa Tata tous les matins chercher la bouillabaisse et qui promène des touristes dans son **hors-bord** l'après-midi. Il leur montre les petites **criques**... Tony il est super intelligent. Un jour, je vous le dis, l'anguille elle va **filer entre les doigts**[14] du Papet !

das Sportboot

Un matin, devant la maison en parpaings.
Le Minot avec son Papet :

- Hé Papet
- Hm
- Tu sais quoi ? Tony...
- Hm
- Papet, tu m'écoutes ?
- Tu vois pas que je regarde la télé ?
- Tony il pense que les cousins... Hé tu m'écoutes, Papet ?
- Je t'écoute ! Oui, les cousins, quoi encore ?
- Avec les cousins, ça va mal finir... et Tony il va partir, je le sens.

Donc les cousins... je dois vous présenter les cousins !
Les cousins, ils n'ont pas de surnoms, on ne les appelle pas, tout simplement. Ils sont beaucoup plus grands et c'est

beaucoup moins clair ce qu'ils font. Ils sont toujours ensemble et ils font un peu peur aussi. Ils **récupèrent**[15] le poisson le matin sur la plage, les cigarettes, et tout le reste. C'est eux qui **négocient**[16]. C'est entre leurs mains que l'argent circule. Le Papet, il leur apprend tout depuis qu'ils sont tout petits. Maintenant le Papet, il a juste à **recompter**[17].

Mais c'est de la Tata que je veux vous parler, celle qui prépare la bouillabaisse. La Tata c'est la mère des trois cousins, vous me suivez ? La fille aînée du vieux... Elle n'habite pas avec les autres dans la maison en parpaings. Elle est à la Belle de Mai, Marseille, 3e arrondissement ! C'est là qu'elle est née en 52, Papet c'est en 51, je crois, qu'il arrive de Palerme et qu'il rencontre celle qui va devenir la mère de la Tata... C'est un peu compliqué, hein ?

La Tata, donc, elle habite le quartier de la Belle de Mai depuis toujours, si vous voulez. Elle habite un petit deux pièces avec sa fille (on n'en parle pas cette fois, de la fille, elle ne nous intéresse pas). Et elle travaille chez Marcel, qui lui prête la cuisine

10 **faire le tapin** (umg.) - auf den Strich gehen
11 **se faire descendre** (umg.) - umgebracht werden
12 **ne pas avoir inventé l'eau tiède** (umg.) - nicht besonders intelligent sein
13 **l'anguille** (f.) - der Aal
14 **filer entre les doigts** (umg.) - zwischen die Finger gleiten
15 **récupérer** - aufsammeln, holen
16 **négocier** - verhandeln
17 **recompter** - nachzählen

de son **restau**[18] avant le service. La Tata elle cuisine toute la nuit et au petit matin elle rentre chez elle avec ses **marmites** de bouillabaisse derrière son vélo. Sa bouillabaisse, c'est la meilleure de Marseille. En ville tout le monde la connaît, la Tata ! Elle est un peu excentrique.

Aujourd'hui, la Tata est inquiète. Ses trois fils **sont sur un gros coup**[19], c'est L'anguille qui vient de lui dire... Et elle est sûre que ça va **foirer**[20]. Elle veut aller voir son vieux, et lui raconter tout.

der Kochtopf

Tony vient la prendre au **Vieux Port** avec son hors-bord. Tony doit passer par le **Frioul**. Le Minot l'attend sur la Digue de Berry.
Sur la digue, il y a beaucoup de monde.
Une foule de gens qui regarde vers le **phare**.

Das **MuCEM** (Musée des Civilisations de l'Europe et de la Méditerranée) wurde 2013 eröffnet. Es widmet sich den Kulturen im Mittelmeerraum. Seine auffällige Architektur und die einzigartige Lage direkt in der Einfahrt des alten Hafens haben es zu einem der meistbesuchten Museen der Welt gemacht.

ältester Hafen von Marseille, heute ein Jachthafen

- À droite du Planier, tu les vois ?
- Tu es sûr que c'est eux ?
- Regarde, là je crois que c'est fini pour eux.

Sur la digue tout le monde reconnaît le bateau des cousins… À côté il y a un bateau de la gendarmerie maritime.

Ah les **voyous**[21] de la Calanque ! Tout le monde sait que c'est une bande de **bras cassés**[22] !

18 **le restau** (umg.) - das Restaurant
19 **être sur un gros coup** (umg.) - etwas Großes vorhaben
20 **foirer** (umg.) - schiefgehen
21 **le voyou** - der Halunke
22 **le bras cassé** (umg.) - der Nichtsnutz

Die **Frioulischen Inseln** sind Marseille vorgelagert. Man hat von dort eine wunderbare Aussicht auf die Stadt.

20 ÉTRETAT EN FAMILLE

On peut venir en vacances à Étretat pour beaucoup de raisons :
Pour la géologie.
Pour les Impressionnistes.
Pour les **cerfs-volants**.
Pour Arsène Lupin, le célèbre gentleman **cambrioleur**[1] des romans de Maurice Leblanc.

la falaise
die Steilküste

Et si l'on vient à Étretat en famille :
On peut partager de bons moments.
On peut partager de mauvais moments…
Mais le risque est aussi de ne RIEN partager !

der Kalkstein

La famille Renard est venue de Rouen en vacances à Etretat. Tous ensemble : Damien Renard le père, Estelle Renard la mère et Justine Renard, leur fille de dix ans. Enfin, pas vraiment ENSEMBLE: chacun a son hobby, chacun est dans son univers. Que vont-ils partager ? Qu'est-ce qui va les **réunir**[2] le temps de leurs vacances ?

Le père est un grand scientifique, **chercheur**[3] à l'université. Sa passion : la géologie. Ses projets pour les vacances : **étudier**[4] ces falaises de **calcaire** et de **silex**, faire des excursions. Il ne sort jamais sans sa loupe.

La mère est bibliothécaire. Sa passion : les Impressionnistes et surtout Monet. Elle peut faire un vrai tour de France pour ce peintre : aller à Paris au Musée d'Orsay voir un de ses tableaux des falaises d'Étretat, puis aller voir les autres tableaux à Caen, à Nancy... Chaque année, elle va au festival « Normandie Impressionniste » du Musée des beaux-arts de Rouen. Ses projets pour les vacances : se promener et dessiner elle aussi les falaises. Elle emporte toujours avec elle un **carnet de croquis**[5] (mais attention : elle ne montre ses dessins à personne).

Leur fille est une enfant secrète. Sa passion : les cerfs-volants, depuis le Festival international de cerf-volant de Dieppe il y a trois ans avec son grand-père. Ses préférés : les cerfs-volants de Birmanie. Ses projets pour les vacances : lire des livres. Des romans d'Arsène Lupin, l'**aventurier**[6] romantique qui la fait rêver comme beaucoup d'enfants de son âge. Et pour plus tard : aller au Festival du cerf-volant à Berlin, toujours avec son grand-père. Ce qu'elle a toujours avec elle en promenade, c'est une paire de **jumelles**.

das Fernglas

Dans la famille Renard, chacun est indépendant. Très indépendant ... TROP !
Comme Justine aime les livres d'Arsène Lupin, ses parents la conduisent au Musée du Clos Lupin et la laissent seule : **ERREUR**[7] !

1 **le cambrioleur** – der Einbrecher
2 **réunir** – versammeln
3 **le chercheur** – der Forscher
4 **étudier** – studieren
5 **le carnet de croquis** – der Skizzenblock
6 **l'aventurier** (m.) – der Abenteurer
7 **l'erreur** (f.) – der Irrtum

– Bonne visite ma chérie, on vient te rechercher dans deux heures !

die Lupe

Monsieur part étudier le calcaire à la **loupe**, Madame part dessiner les falaises. Les Renard ne se voient plus vraiment, ils se **croisent**[8] ! Dommage, parce que les vacances, ça peut servir à se voir, à se retrouver même…

Justine est très contente de sa visite au Clos Lupin. C'est l'univers des livres de Maurice Leblanc, mais en vrai ! Elle se promène dans les pièces de cette grande maison, regarde les peintures, les objets, le vieux piano, les lettres : c'est comme une **enquête**[9] ! Justine a l'impression d'être elle-même dans l'histoire, avec Arsène Lupin comme complice : une histoire de trésor et de mystère … Elle décide d'aller voir de plus près la falaise et bien sûr l'**aiguille** . Peut-être va-t-elle voir quelque chose avec ses jumelles ? Pourquoi ne pas **emprunter**[10] la loupe de son père ? Ou le carnet de sa mère ? Il y a peut-être des indices cachés dans les dessins…

die Felsnadel (im Franz. f.)

– Alors Justine, cette visite, c'était bien ma chérie ?
– Oui maman, merci, c'était super !
– Et maintenant tu veux faire quoi, retourner dans ta chambre à l'hôtel ? Relire L'Aiguille Creuse par exemple !

Mais Justine ne reste pas dans sa chambre d'hôtel. Relire L'Aiguille Creuse, pour la dixième fois, non merci !

Berühmte Wahrzeichen der Felsküste von Etretat sind das Felsentor **Porte d'Aval** und die Felsnadel **Aiguille.**

Dès que ses parents ont **le dos tourné**[11] elle sort de la **pièce**[12], avec tout ce qui va lui servir pour SON enquête...

Justine étudie le paysage avec ses jumelles. Attention : qu'est-ce que c'est que cette chose noire sur l'aiguille ? Un oiseau ? Non, mais c'est peut-être un cerf-volant ! Un cerf-volant perdu par quelqu'un, par un enfant comme elle ? On ne peut pas le laisser là, il faut faire quelque chose ! Elle a une idée : elle va chercher SON cerf-volant et le faire voler sur l'aiguille pour **décrocher**[13] l'autre... Bravo Justine, c'est une idée comme celles d'Arsène Lupin, oui !

Estelle Renard marche sur le **sentier côtier**[14]. La vue est idéale pour dessiner... Elle cherche dans son sac : plus de carnet !
- Il doit être resté à l'hôtel !
Damien Renard, lui, marche sur la plage, il cherche sa loupe dans sa poche : plus de loupe !
- Où est-elle? Peut-être à l'hôtel ?
Tous les deux se retrouvent donc à l'hôtel : il n'y a personne dans la chambre de leur fille !
Par la fenêtre, les parents voient au loin un hélicoptère... C'est le signe d'un **danger**[15] : peut-être leur fille a des problèmes et ce sont les **secours**[16] qui viennent pour elle? « Justine ! » crient-ils d'une seule voix, pris de panique.

Justine est **saine et sauve**[17] . Son idée d'enquête et de cerf-volant était une très

8 **se croiser** - hier: aneinander vorbeigehen
9 **l'enquête** (f.) - die Untersuchung
10 **emprunter** - ausleihen
11 **avoir le dos tourné** - jmdm./etw. den Rücken gekehrt haben
12 **la pièce** - das Zimmer
13 **décrocher** - hier: herunterholen
14 **le sentier côtier** - der Küstenwanderweg
15 **le danger** - die Gefahr
16 **les secours** (m.) - die Rettungskräfte
17 **sain(e) et sauf (sauve)** - unversehrt

mauvaise idée. Elle était très près du bord de la falaise, TROP près... mais tout se termine bien. Pour ses parents, c'est un signal d'alarme : il est temps de commencer de VRAIES vacances en famille !

- Estelle, Justine, ça vous dit d'aller manger une spécialité normande dans un bon restaurant tous les trois ?
- Par exemple des **huîtres chaudes au Camembert fondu** ?
- Et on va **trinquer** à la santé de notre grande aventurière : jus de pomme pour elle, cidre pour nous...

Tarte Tatin

Belohnen Sie sich doch einmal selbst mit einer typisch normannischen Sepzialität: der **Tarte Tatin.**

Die **Normandie** ist bekannt für ihre **Äpfel**. Neben **Cidre** und **Calvados** lassen sich hieraus auch ganz hervorragende süße Köstlichkeiten zaubern.

Die Tarte soll auf die Schwestern **Tatin** zurückgehen. Einer der Schwestern soll ein Apfelkuchen heruntergefallen sein – mit der Apfelseite nach unten. Daraufhin legte sie den Kuchen mit der Apfelseite in eine Form, bedeckte ihn mit neuem Teig und gab ihn erneut in den Ofen.

Und so geht's: Den Zucker karamelisieren lassen und die Äpfel schneiden. Äpfel in eine runde Kuchenform geben und mit dem Teig bedecken. Nach 30 min bei 200 Grad im Ofen, den Kuchen herausnehmen und umgedreht auf eine Platte stürzen – fertig!

Sie brauchen dafür:
- 8 – 10 Äpfel
- 150 g Butter
- 150 g Puderzucker
- 200 g Mürbeteig

BILDNACHWEIS

S. 1 Lavendelfeld, Shutterstock/Fesus Robert, S. 3 Lavendelfeld, ShutterstockFesus Robert, S. 4 Portraits Autoren, privat, S. 4+5 Felsen, fotolia/stevanzz, S. 5 Karte, Shutterstock/volina, S. 7 Lavendel, Shutterstock/Lev Kropotov, S. 7 Steine, Shutterstock/yamix, **1 Un petit coin de paradis:** 8 Weinlese, shutterstock/Andy Dean Photography, S. 9 Weinstöcke, Shutterstock/GoneWithTheWind, S. 10 Aussicht auf Sacre Coeur, Shutterstock/Elena Dijour, S. 11 Butte Bergeyre Weinberg, https://commons.wikimedia.org/wiki/File:Butte_Bergeyre.jpg/Tangopaso, S. 11 Butte Bergeyre Gebäude, https://commons.wikimedia.org/wiki/File:Butte_Bergeyre_building.jpg?uselang=de, S. 12 Imker mit Bienenstock, istockphoto/Johnny Greig, S. 13 Trödelmarkt Paris, Shutterstock/Kiev.Victor, **2 Ce soir on danse !** S. 14, 15 Morvan Landschaft, Shutterstock/Svetlana Bondareva, S. 14 kleines Geschäft, Frankreich, istockphoto/oversnap, S. 15 Esel, Shutterstock/Rosa Jay, S. 16 Laternen, istockphoto/Thomas Shanahan, S. 16 Zuckerwatte, Shutterstock/Kanchana P, S. 16 Feuerwerk, Shutterstock/nuwatphoto, S. 17 Drehleier, Shutterstock/rosesmith, S. 17 Dudelsack, istockphoto/jean-marc brasseur, S. 18 Mädchen trinkt mit Strohhalm, Shutterstock/Sofi photo, S. 19 Drehleier, Shutterstock/rosesmith, **3 Lumieres de la Riviera:** S. 20 junge Frau winkt aus Zug, istockphoto/Leonardo Patrizi, S. 22 Nizza, Place Massena, Shutterstock/Giancarlo Liguori, S. 22 Nizza, Altstadtstraße, Shutterstock/kerenby, S. 23 Pinie, Shutterstock/ukmooney, S. 23 Socca, istockphoto/SabinaS, S. 23 Kichererbsen und Kichererbsenmehl, Shutterstock/baibaz, S. 24 Villa Kerylos, Beaulieu-Sur_Mer, Shutterstock/MagSpace, S. 25 Verkaufsschild ‚Socca', istockphoto/MariaMarcone, S. 25 Socca groß, istockphoto/stocknshares, S. 25 Kichererbsen und Kichererbsenmehl, istockphoto/FotografiaBasica, S. 25 Olivenöl, istockphoto/Portugal2004, S. 25 Wasser, Shutterstock/limpido, S. 25 Salz + Pfeffer, istockphoto/Daniel R. Burch, **4 Le cidre de Pont-l'Évêque:** S. 28 Wohnwagen, istockphoto/angi71, S. 29 Apfelkisten, istockphoto/Lya_Cattel, S. 31 Destillierkolben, istockphoto/Photology1971, S. 31 Calvados, Shutterstock/AndreyCherkasov, **5 Souvernirs du lac:** S. 32 Lac d'Annecy, Shutterstock/Pearl Media, S. 33 Pfeife, Shutterstock/Chamille White, S. 34 Schilf, istockphoto/Andrey Nekrasov, S. 34 See, Schwan, Anleger, istockphoto/PhotoTalk, S. 35 Raddampfer, istockphoto/Piero Malaer, S. 35 Annecy Kanal, istockphoto/genekrebs, **6 Le père Polulard et les manchots de Punta Tombo:** S. 36 Ruderboot, Shutterstock/Bapoomai, S. 36 Paddel, Shutterstock/marekuliasz, S. 36 Mont Saint Michel, istockphoto/gio_cala, S. 36, 37 Möwe, istockphoto/Oleg Saenko, S. 38 Kaiserpinguine, Shutterstock/Shchipkova Elena, S. 38, 39 Mont Saint Michel Sonnenuntergang , Shutterstock/bigmagic, S. 39 Kirchenglocken, Shutterstock/Be Good, S. 40 Mont Saint Michel Altstadt, istockphoto/Joel Carillet, S. 40 Mont Saint Michel, istockphoto/JurgaR, S. 40 Schild ‚La mere poulard', Shutterstock/Pixavril, **7 Un mardi à Giverny:** S. 41 Seerose Bild Monet, Shutterstock/neftali, S. 41 Claude Monet, Shutterstock/Everett Historical, S. 42 Haus Monet Giverny, Shutterstock/Yuri Turkov, S. 43 Emil Zola, thinkstock/Photos.com, S. 43 Teich mit Brücke, istockphoto/Lance Bellers, S. 44 Giverny Garten See, Shutterstock/Oleg Bakhirev, S. 45 Giverny Garten, Shutterstock/Elena Dijour, **8 Le grand saut:** S. 46 Familie am Tisch, istockphoto/monkeybusinessimages, S. 47 Bretagne Küste, istockphoto/ptaxa, S. 47 Paragliding, Shutterstock/Gregory Guivarch, S. 47 Regenjacke, Shutterstock/windu, S. 48 Bretagne Haus, Shutterstock/Svetlana Bondareva, S. 48 Miesmuschel, Shutterstock/Mauro Rodrigues, S. 50 Penestin Strand, Shutterstock/Gregory Guivarch, S. 51 romantisches Dinner, Shutterstock/mastermilmar, **9 Madame Bonnet et son champ de lavande:** S. 52 TGV, istockphoto/Enzojz, S. 52 Aix-en-provence, istockphoto/RossHelen, S. 53 Castellet 1, istockphoto/fullempty, S. 53 Castellet 2, istockphoto/fotoember, S. 54 Lavendelsäckchen, Shutterstock/Jiri Vaclavek, S. 54 Haus, Shutterstock/Nikolay Dimitrov - ecobo, S. 56, 57 Luberon, Shutterstock/StevanZZ, S. 58, 59 Lavendelfeld, Shutterstock/Fesus Robert, S. 59 Lavendelsträusschen, Shutterstock/Lev Kropotov, S. 59 Lavendelseife, istockphoto/studio22comua, S. 59 Lavendel Macaron, Shutterstock/Olha Shtets, S. 59 Lavendelöl, istockphoto/letterberry, S. 59 Lavendelgelee, Shutterstock/photogal, **10 Versailles, plus jamais...** S. 60 Cello, Shutterstock/wacpan, S. 60 Jean Baptiste Lully, Shutterstock/Lefteris Papaulakis, S. 60 Dirigent mit Taktstock, Shutterstock/Jirsak, S. 62, 63 Versailles Schloss, Shutterstock/paul prescott, S. 62 Versailles Spiegelsaal, Shutterstock/walter_g, S. 63 Versailles Garten, Shutterstock/S-F, S. 64 Versailles Opera Royal, Shutterstock/walter_g, **11 Les galets peints de Matisse:** S. 66 Straße , istockphoto/vintagerobot, S. 66 Kieselstein, Shutterstock/Eivaisla, S. 67 Pinsel und Farbe, Shutterstock/Hanna Pylypenko, S. 69 Strand Colliure, Shutterstock/funkyfrogstock, S. 69 Kieselsteine, Shutterstock/Eivaisla, S. 70 Straße, fotolia/Yvann K, S. 71 Kieselsteine bunt, Shutterstock/yamix, **12 Merci Guignol:** S. 72 älterer Herr, istockphoto/Jacob Ammentorp Lund, S. 72 Guignol, Shutterstock/Nevskii Dmitrii, S. 73 Theater Guigol Schild, Shutterstock/Pierre Jean Durieu, S. 74 Lyon, istockphoto/jeangill, S. 75 Lyon Funiculaire, Shutterstock/Jorg Hackemann, S. 75 Schnur, Shutterstock/Picsfive, S. 76 Bugnes Gebäck, Shutterstock/margouillat photo, S. 76 2 Mädchen, Shutterstock/bikeriderlondon, S. 77 Bouchon Lyon, Shutterstock/Pierre Jean Durieu, **13 Au pays des vaches rouges et des fromages bleus:** S. 79 Kuh, istockphoto/Sablin, S. 80 Melken, Shutterstock/Oleg Krugliak, S. 80 Käse ‚Fourme d'Ambert', istockphoto/cynoclub, S. 80 Wolf, istockphoto/JackF, S. 80 Schafstall, istockphoto/Banet12, S. 82 Brotkorb, Shutterstock/Petr Malyshev, S. 82 Käse Salers, Shutterstock/Foodpictures, S. 82 Käse ‚Fourme d'Ambert', istockphoto/cynoclub, S. 82 Brot, Shutterstock/monticello, S. 83 Papierfetzen, Shutterstock/Rudchenko Liliia, **14 Le chaland de La Collancelle:** S. 84 Bootsbauer, Shutterstock/PlusONE, S. 84 Kupferschmied, Shutterstock/Hayati Kayhan, S. 85 Lastkahn, Shutterstock/dimbar76, S. 87 Angelrute, istockphoto/akova, S. 88, 89 Canal du Nivernais, Shutterstock/img85h, S. 89 Neunauge, Shutterstock/Andrei Nekrassov, S. 89 Aal, Shutterstock/Piotr Wawrzyniuk, **15 Les oubliés de l' Aiguille du midi:** S. 90 Schneeschuhe, istockphoto/IlexImage, S. 90 Bergsteiger, istockphoto/Georgijevic, S. 91 Bergsteiger, Shutterstock/Udompeter, S. 92 Mann hält Fernglas, Shutterstock/valeriiaarnaud, S. 92, 93 Aiguille du Midi nachts, istockphoto/buccino tiphaine, S. 93 Seilbahn, Shutterstock/MAHATHIR MOHD YASIN, S. 93 Aiguille du Midi Gipfel, Shutterstock/Mikadun, S. 96 Bergsteiger, istockphoto/Georgijevic, S. 96, 97 Mont Blanc, istockphoto/AntonioGuillem, S. 97 Ausrüstung, Shutterstock/Nataliia Liubinetska, **16 Un Corsica Cola s'il vous plaît, pour oublier:** S. 98 Kastanienbäume und Straße, istockphoto/Gwenvidig, S. 98 Sackgasse, Shutterstock/Kaspri, S. 99 Moped, istockphoto/petrenkod, S. 100 Saleccia, fotolia/mattei, S. 100 Kiefer, istockphoto/Zerbor, S. 100 Agriates Wüste, Shutterstock/Jon Ingall, S. 101 Pagliaghju, http ://images.google.de/imgres?imgurl=https%3A%2F%2Fupload.wikimedia.org%2Fwikipedia%2Fcommons%2F6%2F62%2FSanto-Pietro-di-Tenda_pagliaghju.jpg&imgrefurl=https%3A%2F%2Fcommons.wikimedia.org%2Fwiki%2FFile%3ASanto-Pietro-di-Tenda_pagliaghju.jpg&h=3024&w=4032&tbnid=H5b7tL0UkbrJjM%3A&vet=1&docid=weYSu_Oc3y_-7M&itg=1&ei=u3QIWLaVDoGVUfDkq9gM&tbm=isch&iact=rc&uact=3&dur=1524&page=0&start=0&ndsp=25&ved=0ahUKEwj23rfDmKDQAhWBShQKHXDyCssQMwgoKA0wDQ&bih=841&biw=1540/Pierre Bona, S. 101 St Florent Korsika, Shutterstock/leoks, **17 Reine des galettes:** S. 103 Galette des rois, Shutterstock/margouillat photo, S. 104 Dinan, Shutterstock/canadastock, S. 102 Blumen gießen, istockphoto/joste_dj, S. 106, 107 Dinan Altstadt, istockphoto/smartin69, S. 107 Far breton, fotolia/Richard Villalon, S. 107 Kouign amann, fotolia/Brad Pict, **18 La vie en rose:** S. 108 Schild ‚Place des Vosges', Shutterstock/Tupungato, S. 108 Arkaden Place des Vosges, Shutterstock/GagliardiImages, S. 108, 109 Place des Vosges, Shutterstock/Francesco Rioda, S. 110 Hotel Sully, Shutterstock/tichr, S. 111 Marais Cafe, Shutterstock/Rrrainbow, S. 112 Marais Paris 1, Shutterstock/cdrin, S. 112, 113 Marais Paris 5, Shutterstock/Alexandre Rotenberg, S. 114 Victor Hugo, Shutterstock/Stocksnapper, S. 114 Marais Paris 3, Shutterstock/theendup, S. 114 Marais Paris 3, Shutterstock/Brian S, S. 114, 115 Arrondissements Paris Karte, Shutterstock/LanaN, S. 115 Marais Paris 4, istockphoto/LembiBuchanan, S. 115 Marais Paris 2, Shutterstock/vvoe, **19 Les voyous de la Calanque:** S. 116 Calanques Marseille, Shutterstock/ventdusud, S. 116 Baum auf Felsen, Shutterstock/Itinerant Lens, S. 117 Hochhäuser Marseille, fotolia/matteo, S. 118 Motorboot, istockphoto/Ivan Strba, S. 119 Bucht, Shutterstock/Anthony Maragou, S. 120 Marseille, Shutterstock/S-F, S. 120 Kochtopf, Shutterstock/AlenKadr, S. 121 Frioul marseille, Shutterstock/Henryk Sadura, **20 Étretat en famille:** S. 122 Drachen, istockphoto/ElementalImaging, S. 122 Feuerstein, Shutterstock/vvoe, S. 122, 123 Kalkfelsen Etretat, fotolia/stevanzz, S. 123 Mädchen mit Fernglas, istockphoto/PeopleImages, S. 124 Lupe, Shutterstock/Vitaly Korovin, S. 124 Felsnadel, fotolia/stevanzz, S. 126 Austern überbacken, Shutterstock/Hanoi Photography, anstoßen, istockphoto/mauro grigollo, S. 127 Tarte Normande, Shutterstock/ArtCookStudio